독신자
×
기계

이 저서는 2018년 대한민국 교육부와 한국연구재단의 지원을 받아 수행된 연구임 (NRF-2018S1A6A3A03043497)

독신자
×
기계

한의정 지음

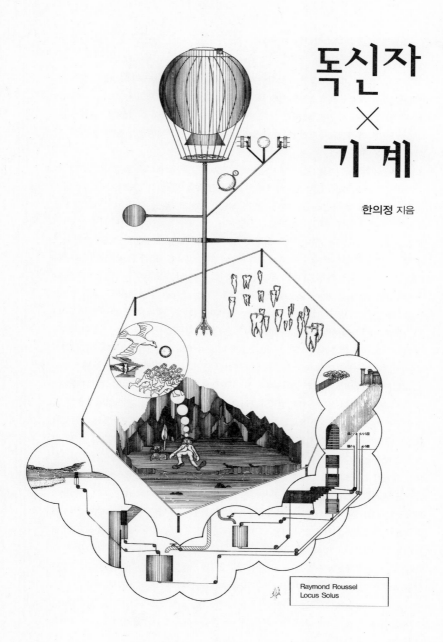

Raymond Roussel
Locus Solus

앨
피

모빌리티인문학은 기차, 자동차, 비행기, 인터넷, 모바일 기기 등 모빌리티 테크놀로지의 발전에 따른 인간, 사물, 관계의 실재적 · 가상적 이동을 인간과 테크놀로지의 공-진화co-evolution라는 관점에서 사유하고, 모빌리티가 고도화됨에 따라 발생하는 현재와 미래의 문제들에 대한 해법을 인문학적 관점에서 제안함으로써 생명, 사유, 문화가 생동하는 인문-모빌리티 사회 형성에 기여하는 학문이다.

모빌리티는 기차, 자동차, 비행기, 인터넷, 모바일 기기 같은 모빌리티 테크놀로지에 기초한 사람, 사물, 정보의 이동과 이를 가능하게 하는 테크놀로지를 의미한다. 그리고 이에 수반하는 것으로서 공간(도시) 구성과 인구 배치의 변화, 노동과 자본의 변형, 권력 또는 통치성의 변용 등을 통칭하는 사회적 관계의 이동까지도 포함한다.

오늘날 모빌리티 테크놀로지는 인간, 사물, 관계의 이동에 시간적 · 공간적 제약을 거의 남겨두지 않을 정도로 발전해 왔다. 개별 국가와 지역을 연결하는 항공로와 무선통신망의 구축은 사람, 물류, 데이터의 무제약적 이동 가능성을 증명하는 물질적 지표들이다. 특히 전 세계에 무료 인터넷을 보급하겠다는 구글Google의 프로젝트 룬Project Loon이 현실화되고 우주 유영과 화성 식민지 건설이 본격화될 경우 모빌리티는 지구라는 행성의 경계까지도 초월하게 될 것이다. 이 점에서 오늘날은 모빌리티 테크놀로지가 인간의 삶을 위한 단순한 조건이나 수단이 아닌 인간의 또 다른 본성이 된 시대, 즉 고-모빌리티high-mobilities 시대라고 말할 수 있다. 말하자면, 인간과 테크놀로지의 상호보완적 · 상호구성적 공-진화가 고도화된 시대인 것이다.

고-모빌리티 시대를 사유하기 위해서는 우선 과거 '영토'와 '정주' 중심 사유의 극복이 필요하다. 지난 시기 글로컬화, 탈중심화, 혼종화, 탈영토화, 액체화에 대한 주장은 글로벌과 로컬, 중심과 주변, 동질성과 이질성, 질서와 혼돈 같은 이분법에 기초한 영토주의 또는 정주주의 패러다임을 극복하려는 중요한 시도였다. 하지만 그 역시 모빌리티 테크놀로지의 의의를 적극적으로 사유하지 못했다는 점에서, 그와 동시에 모빌리티 테크놀로지를 단순한 수단으로 간주했다는 점에서 고-모빌리티 시대를 사유하는 데 한계를 지니고 있었다. 말하자면, 글로컬화, 탈중심화, 혼종화, 탈영토화, 액체화를 추동하는 실재적 · 물질적 행위자agency로서의 모빌리티 테크놀로지를 인문학적 사유의 대상으로서 충분히 고려하지 못했던 것이다. 게다가 첨단 웨어러블 기기에 의한 인간의 능력 향상과 인간과 기계의 경계 소멸을 추구하는 포스트-휴먼 프로젝트, 또한 사물인터넷과 사이버 물리 시스템 같은 첨단 모빌리티 테크놀로지에 기초한 스마트시티 건설은 오늘날 모빌리티 테크놀로지를 인간과 사회, 심지어는 자연의 본질적 요소로 만들고 있다. 이를 사유하기 위해서는 인문학 패러다임의 근본적 전환이 필요하다.

이에 건국대학교 모빌리티인문학 연구원은 '모빌리티' 개념으로 '영토'와 '정주'를 대체하는 동시에, 인간과 모빌리티 테크놀로지의 공-진화라는 관점에서 미래 세계를 설계할 사유 패러다임을 정립하려고 한다.

차례

파타피직스 세계의 기계 ×인간

미래를 배경으로 하는 SF소설이나 영화에 등장했던 인공지능, 가상현실, 로봇과 같은 과학기술이 이미 우리 삶의 곳곳에 자리 잡고 있다. 우리의 스마트폰에 탑재된 '빅스비Bixby'·'시리Siri'는 꽤 능력 있는 개인 비서의 역할을 하고 있다. 호텔, 병원, 쇼핑몰 등에서 돌아다니며 안내 서비스를 제공하는 스마트 로봇도 쉽게 우리 눈에 띈다. 우리보다 먼저 고령화 사회에 도달한 일본에서 개발한 '아이보aibo'·'파로Paro'와 같은 반려봇도 우리나라에서 진화를 거듭해 효도 선물 목록에 등장했다. 이 밖에도 운전자 없는 자율주행 자동차의 상용화, 메타버스형 플랫폼, VR·AR 기술의 발전으로 점점 더 실체화된 가상현실 공간은 머지않은 미래에 우리 모두의 현실이 될 것이다.

사실 이 모든 과학기술의 결과물들은 인간의 상상에서 비롯되었다. 만약 기계가 인간과 대화하고 감정을 표현할 수 있다면? 만약 자동차가 스스로 운전할 수 있다면? 자동차를 타지 않고도 지금 이곳이 아닌 다른 공간으로 순간이동할 수 있다면? 이러한 상상이 꼬리에 꼬리를 물고 계속되고, 누군가는 이러한 상상을 현실에서 실험해 보고, 그 실험의 결과가 데이터로 거듭 축적되면서 오늘날 과학기술의 산물이 된 것이다. 학문의 발전은 이렇게 인간의 상상력과 공상하는 힘에 빚진 바가 크다.

그런데 우리는 흔히 과학과 같은 학문은 논리적이고 분석적인 사고를 담당하는 좌뇌의 산물로 여긴다. 인간의 논리적이고 분석적인 사고는 객관적이고 보편적인 지식 체계를 이루지만, 우뇌와 관련된 상상력이나 직관 그리고 정서는 어떤 지식 체계를 이룰 수 없을 것이라 생각하는 경향이 있다. 우뇌의 산물은 기껏해야 문학과 예술과 같이 주관적 상상력으로 움직이고 사람들의 정서를 자극하는 분야에서나 중요하다고 여기는 것이다. 과연 그럴까? 예술이 과학과 더불어 발전해 왔다는 증거만으로도 이러한 편견을 충분히 반박할 수 있다.

'예술art'이란 용어가 테크네techné라는 고대 그리스어에서 비롯되었다는 사실이 알려 주듯, 예술은 기술과 떼려야 뗄 수 없는 관계였다. 르네상스 예술가들은 그 어떤 시대보다 과학적 사고로 예술 행위를 했다. 안료를 다룰 때에는 마치 오늘날 화학자나 재료공학자들처럼 실험했다. 그들이 사용한 원근법도 과학 정신의 예이다. 화가들의 원근법은 거대한 건축물을 설계

하는 건축 투시도에서 발전시킨 것이기 때문이다. 인체를 그릴 때에는 오늘날의 의사들처럼 필수적으로 해부학을 익혔다. 레오나르도 다빈치Leonardo da Vinci의 해부학 드로잉은 정확한 관찰과 탐구 정신을 보여 주는 실례이다. 다빈치는 당시 의과대학 교수와 함께 해부학 교과서를 집필하려는 계획까지 있었다고 한다. 비록 그 교수의 이른 사망으로 실현되진 못했지만.

　20세기 초 프랑스에서는 문학과 예술의 상상력이 곧 과학이 된다고, 그것도 지금까지의 과학보다 훨씬 더 뛰어난 학문이 된다고 믿는 사람들이 나타난다. 그들이 내세운 학문이 바로 '파타피직스pataphysics'이다.

　우리는 감각 세계를 탐구하는 학문을 물리학physics이라 부른다. 물리학을 초월한 것들을 다루는 학문은 형이상학metaphysics 이라고 한다. 만약 형이상학을 뛰어넘는 학문이 있다면? 프랑스의 소설가 알프레드 자리Alfred Jarry는 이를 '형이상학 너머pata 에 존재하는 한 수 위의 학문'이라는 뜻을 담아 '파타피직스'라 명명했다. 형이상학이 물리학이 해야 하는 과학적 증명의 의무에서 자유로운 학문이라면, 파타피직스는 과학적 증명은 물론이고 형이상학을 얽매는 논리까지도 넘어서는 상상의 과학, 부조리의 과학이다.

　자리가 세상을 떠난 후 출판된 소설 《파타피지크 학자 포스트롤 박사의 행적과 사상: 신과학소설》(1911)에 나온 정의에 따르면, 파타피직스는 "상상적 해법의 과학으로서, 대상의 가상이 묘사하는 대상의 속성을 대상의 윤곽에 상징적으로 부여한다."[1] 다시 말해, 파타피직스는 상상력을 통해 가상과 실체를 화해시키고자 한다. 그렇기 때문에 파타피직스 연구와 탐구는 다른 학문들처럼 진지하고 엄격하게 진행되지만, 근본적으로는 놀이 · 장난 · 예술적 상상력 · 창조적 행위와 직접적으로 연결된다. 자리가 제안한 파타피직스에 학자들뿐만 아니라 많은 문학가와 예술가들이 호응한 것은 이러한 이유에서다.

1948년 파리를 기점으로 '콜레주 드 파타피직스Collège de Pataphysique'[2]라는 일종의 학회가 창설되면서 여기에 많은 학자 · 문학가 · 예술가들이 가담하였다. 콜레주 드 파타피직스는 곧 유럽의 다른 도시들로 퍼져 나갔다. 콜레주 드 파타피직스에 함께하고 지지를 보낸 사람들의 명단을 살펴보면, 우리에게도 낯익은 이름들이 보인다. 후안 미로Joan Miró · 마르셀 뒤샹Marcel Duchamp · 만 레이Man Ray · 막스 에른스트Max Ernst · 장 뒤뷔페Jean Dubuffet와 같은 예술가들, 외젠 이오네스코Eugène Ionesco · 보리스 비앙Boris Vian과 같은 문학가, 움베르토 에코Umberto Eco ·

---

* 파타피직스 앞에 붙은 아포스트로피(')는 안이한 말장난과 구별하고, 파타피직스를 의식적으로 실행시킨다는 의미를 갖는다.

장 보드리야르Jean Baudrillard와 같은 철학자들은 본인들이 파타피지션Pataphysician임을 자랑스럽게 내세웠다. 콜레주 드 파타피직스는 "학술적이면서 쓸모없는 연구에 전념하는 단체"[3]임을 분명히 하고, 예측에서 벗어나는 일탈적인 것, 선과 악의 공존과 같은 대립성, 예상치 못한 사물의 결합들, 예외적이고 비정상적인 것들에 가치를 부여하며, 진지하면서도 자유롭게 이 새로운 학문을 탐구해 나갔다. 그들만의 달력 체계를 발명하고, 출판물을 지속적으로 발간했다. 가상과 현실의 중첩, 상상력과 이성의 결합에 관심이 있었던 20세기 유럽의 지성계와 문화예술계가 이 황당한 파타피직스에 열광한 것은 어찌 보면 당연한 것이었다.

그래서 우리는 파타피직스의 영향을 받은 작품들을 20세기의 문학 · 미술 · 음악 · 건축 등 문화 전반에서 어렵지 않게 찾아볼 수 있다. 그중 대표적인 작품이 마르셸 뒤샹의 〈그녀의 독신자들에 의해 발가벗겨진 신부, 조차도〉(1915~1923)이다. 대형 유리 위에 그려진 작품이라 보통 '큰 유리'라 불리는 이 작품은 기계와 인간의 메커니즘, 4차원과 3차원의 결합, 남녀 간의 미스터리한 관계를 일종의 수수께끼처럼 늘어 놓았다. 이 작품은 뒤샹이 탐구한 파타피직스 세계의 시각적 표현이라 볼 수 있다.

뒤샹의 이 작품에 영감을 준 것은, 레이몽 루셀Raymond Roussel

의 소설 《아프리카의 인상》(1909)을 각색한 동일 제목의 연극 (1912)이었다. 뒤샹은 파리 앙투안 극장에서 이 연극을 보고 특별한 감명을 받았다. 후에 뒤샹은 "내가 한 번도 본 적 없는 것을 만들어 낸 루셀을 나는 존경한다. … 나의 〈큰 유리〉는 루셀에게 큰 빚을 졌다"[4]라고 직접 밝혔다. 특히 뒤샹이 이 연극에서 목격했다고 언급한 "예기치 않은 것의 광기"[5]는 이 연극에 끊임없이 등장하는 환상적인 기계들과 관계가 있다. 이 극에는 움직이는 조각상·그림 그리는 기계·피뢰침 침대 등 기이한 기계들이 등장하는데, 이것들이 만들어 내는 낯선 장면들은 일반적인 삶의 풍경과 상식을 벗어나 전개된다. 이처럼 현실에서 벗어난 기이한 낯섦과 기계적 정교함의 병존은 루셀의 또 다른 장편소설 《로쿠스 솔루스Locus Solus》(1914)에서도 이어진다. 루셀의 작품들은 새로움과 기이함을 추구하는 다다이스트와 초현실주의자들에게 열광적인 지지를 받았지만, 당시 일반 독자들에게는 야유와 조롱의 대상이었다. 루셀이 자비로 출판한 《아프리카의 인상》 초판이 다 팔리기까지는 22년이나 걸렸다고 한다. 그나마 이 소설을 무대에 올릴 수 있었던 것은 루셀이 상속받은 막대한 유산을 이 연극에 다 쏟아부은 덕분이었다. 그의 독특한 글쓰기가 재평가를 받게 된 것은 사후 30년이 지난 뒤 미셸 푸코Michel Foucault가 쓴 《레이몽 루셀》(1963) 평전이 출간된 이후였다.

뒤샹과 루셀의 사례가 보여 주듯 20세기 초중반 문학과 예술에는 남녀 간의 관계, 역사의 기능, 인간과 그 인간을 심판하는 존재 간의 관계를 심플한 기계의 '메커니즘'으로 표현하는 예가 아주 많이 등장한다. 이제 우리는 파타피직스 세계에 빠져든 이들이 보여 준 기계와 인간의 다양한 표현 중 '독신자기계'라는 테마에 집중해 보고자 한다. '독신자기계'란 용어는 독신자들이 기계로 표현된 뒤샹의 〈그녀의 독신자들에 의해 발가벗겨진 신부, 조차도〉에서 나왔다. (여기서 '독신자'란 프랑스어 célibataire, 영어 bachelor의 한글 번역어로 미혼·구혼자·싱글의 의미를 다 포함한다. 오늘날 자연스러운 의미 전달을 위해서는 '싱글'이 가장 어울릴 듯하나, 뒤샹 작품의 경우 이미 '독신자'라는 번역어가 통용되고 있어 필자도 이를 따르고자 한다.)

뒤샹의 독신자기계 이후 많은 문학가와 예술가들의 작품에서 이 독신자기계 테마가 반복적으로 되풀이된다. 외형상 다양한 모습으로 변주되는 이 독신자기계들은 출산이나 생식에 얽매이지 않는 에로티시즘을 보여 준다. 한편으로 이 독신자기계들은 강한 남성성, 강한 여성성을 보여 주기보다 오히려 성별 사이에서 동요하는 존재로 나타나는 경향을 보인다. 이 독신자기계들의 면면들을 살펴보는 것은 오늘날 남/여, 인간/기계/동물의 경계가 사라지는 포스트휴먼이라 불리는 우리 시대의 존재 양상에도 함의하는 바가 클 것이다.

1장

독신자기계의 탄생

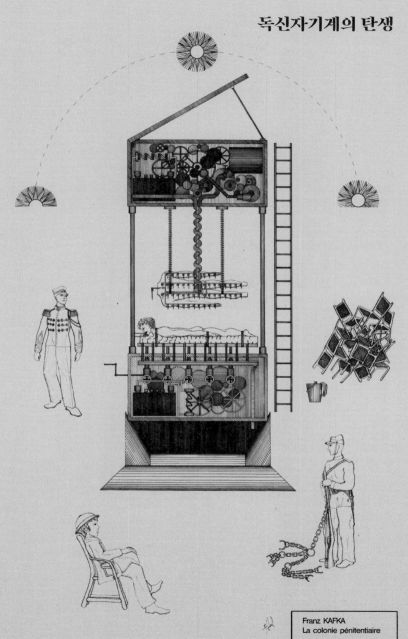

Franz KAFKA
La colonie pénitentiaire

일러두기

· 본문에서 개별 작품명은 〈 〉, 전시회는 《 》로 표기하였다.

마르셀 뒤샹과 레디메이드

1917년 뉴욕 독립미술가협회 전시에 출품된 작품 하나가 사람들을 경악하게 했다. 화가나 조각가가 '만든' 작품이 아니라, 화장실에서 흔히 보이는 '이미 만들어진ready-made' 기성품인 남성용 소변기(그림 1)가 출품되었기 때문이다. 이 변기에는 'R.머트Mutt'라는 서명이 있었지만, 실제 이것을 출품한 사람은 당시 심사위원단 중 한 명이었던 마르셀 뒤샹이다. 뒤샹은 자신이 이 작품을 출품했다는 사실을 숨기고, 이 작품이 많은 심사위원들의 반대에 부딪히며 스캔들을 일으키자 R.머트 씨를 옹호하는 글을 발표하며 적극적으로 지지했다. 그 이후의 이야기는 모두 짐작하는 대로이다. 뒤샹의 〈샘〉은 20세기 미술의 방향 전환을 알린, 현대미술의 아이콘 같은 작품이 되었다.

뒤샹이 선택한 'R.머트'라는 이름에 대해서는 여러 가지 해석이 가능하다. 뒤샹이 이 소변기를 구입한 곳이 제이 엘 모트

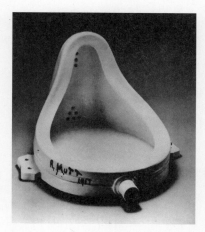

그림 1 마르셀 뒤샹, 〈샘〉, 1917, 사기로 만든 소변기, 60cm(h)

철공회사J. L. Mott Iron Works의 전시장이란 사실을 감안하면, 이 소변기 제작사의 이름을 따오면서 약간의 변형을 가한 것이라 볼 수 있다. 뒤샹은 대중들에게 익숙한 만화 시리즈 〈제프와 머트 Jeff and Mutt〉(이 만화는 주로 화장실에서 벌어진 에피소드를 다룬다)가 떠오르도록 이름을 골랐다고 말하기도 했다.[1] 또한 'R. 머트'의 이름 순서를 바꾸어 '머트. R'이라 하면 비밀스러운 중얼거림 muttering을 뜻할 수도 있고, 독일어로는 엄마Mutter가 연상되기도 한다. 이 경우, 'R. 머트'라고 분명하게 서명된 남성용 소변기가 자궁과 같은 근원적 여성의 장소로 해석될 여지를 얻는다.

〈샘〉을 비롯한 뒤샹의 여러 레디메이드 작품들이 가진 '작가성'에 대한 논의는 흥미롭게 진행되어 왔다. 뒤샹의 레디메이드들이 등장했을 때 사람들에게 충격을 준 것은 그것들이 이미 가공된 상품이라는 점, 작가의 독창적인 솜씨가 들어가지 않아도 작품이 될 수 있다는 점이었다. 그래서 뒤샹의 레디메이드들은 기존 미술에서 강조하던 작가정신, 즉 저자성authorship을 부정하는 것으로, 전통적 미술 개념에 대한 저항의식을 표출한 반反미술의 대표작으로 칭송받았다. 그러나 포스트모더니즘의 등장과 함께 미술사에서 뒤샹의 지위는 다른 관점에서도 논의되기 시작한다. 뒤샹은 기존의 작가성을 지워 버린 작가라기보다는 '작가란 무엇인가'에 대해 새로운 정의를 내린 작가라는 것이다. 미술사학자 아멜리아 존스Amélia Jones에 따르면, 뒤샹의 레디메이드는 작가성의 지배에 반기를 들고자 한 것이지만, 결과적으로는 역설적이게도 미술작품이 더 작가성에 의존하게 만들었다.[2] 실제로 뒤샹의 레디메이드는 작가의 선언과 서명 전략을 강조한다. 뒤샹의 레디메이드는 그저 기성품을 미술관에 옮겨 놓는다고 작품이 되는 것이 아니라, 작가의 선언과 서명을 통해서 미술작품으로서의 권위를 얻은 것이다.

뒤샹이 레디메이드를 창안한 것은 회화에 대한 회의감 때문이었다. 그가 표현하려는 예술의 객관성과 과학적인 속성을 구현하기에는 회화의 잠재력에 한계가 있다고 느낀 것이다. 뒤샹이 우연 기법을 강조한 것도 이러한 객관성 획득이 목적이었다.[*] 그는 개인적인 감정이나 취향, 주관적 생각에서 벗어나 좀 더 객관적인 것을 표현하기를 원했고, 사람들이 쌓아 온 관습적인 것에서도 벗어나고자 했다. 결국 인간적인 것에서 가능한 한 멀리 가야 객관적이고 과학적인 것을 얻을 수 있다고 생각한 것이다.

뒤샹은 '레디메이드'란 용어를 섬세하게 정의했다. 레디메이드는 단순히 대량생산된 상업적 물건들을 가리키는 말이 아니

---

[*] 객관성과 과학성을 획득하고자 우연을 활용하는 방식은 당시 존 케이지John Cage, 머스 커닝햄Merce Cuningham 등에게서도 발견된다. 그들은 《주역周易》의 64괘에 소리나 동작을 배당해 놓고, 주사위나 동전을 던져서 나오는 대로 작곡과 안무를 했다. 이에 대해서는 에필로그에서 다시 한번 다룰 것이다.

다. 예술가에게 선택되어 서명과 종종 무의미하거나 암호 같은 문구가 수반된 것이어야 레디메이드라는 도발적 지위를 획득할 수 있다. 그 문구는 "오브제를 묘사하는 제목과는 다르며, 관객의 정신을 좀 더 언어적인 다른 영역으로 이동시키기 위한 것이다."[3] 예술가가 레디메이드를 선택할 때에도 "미적인esthetic 즐거움을 따르는 것이 아니라, 마취anesthesia 상태와 같은 시각적 무심함에서 이루어져야 한다."[4] 이렇게 선택되고 무심하게 전시된 강아지용 빗·눈삽·타자기 커버·모자걸이 등은 작품으로 인지되지 못한 채 외면당하기 쉽다. 실제로 뒤샹은 파리 작업실에 두고 온 그의 첫 레디메이드 작품 〈자전거 바퀴〉(1913)와 1914년에 구입한 와인 병 건조대에 영어 문구와 '마르셀 뒤샹(을 따라)'이라고 서명해 달라고 부탁하는 편지를 여동생 쉬잔에게 보냈다(여기서 우리는 뒤샹이 대리 서명조차 문제 삼지 않은 것을 확인할 수 있다!). 그러나 그때는 이미 쉬잔이 오빠의 작업실을 청소하면서 이 두 '작품'을 작품으로 인지하지 못하고 내다 버린 뒤였다.

이후 뒤샹은 〈샘〉을 고안하면서, 레디메이드에 고의적으로 미술작품 자격을 부여하고자 세 가지 변화를 꾀했다. 첫째, 레디메이드를 받침대 위에 올려놓아 조각처럼 취급받도록 하였다. 둘째, 서명과 연도를 기입하는 예술적 행위를 하였다. 셋째, 그것을 전시장에 내놓은 것이다. 이러한 뒤샹의 행위는 공개적인 장소에 선보일 수 없는 소변기를 공공의 장소, 그것도 문화교양의 현장에 당당하게 내놓는 행위이자, 화장실의 사물과 예술 작품이 서명이라는 '아주 미세한 차이'만 가질 뿐임을 폭로하는 행위였다. 뒤샹은 대량생산된 소변기를 선택하여 우리 눈앞에 떳떳이 선보이면서 "예술이 무엇인지", "작가는 무엇을 해야 하는지" 같은 근원적인 질문으로 환원한 것이다.

마르셀 뒤샹과 에로즈 셀라비

1916년 초부터 1921년 말 사이에 제작된 좀 더 정교한 레디메이드 작품들은 이전 레디메이드들과 구별하여 '보완된 레디메이드'라고 부른다. 그중 한 작품 〈발랄한 과부Fresh Widow〉(1920)(그림 2)에 주목해 보자.

이 작품은 뒤샹이 목수에게 상세한 지침과 함께 제작을 의뢰한 프랑스식 창문 모형이다(제목 '발랄한 과부Fresh Widow'는 프랑스식 창문French Window'의 언어유희이다). 하지만 뒤샹은 세상과 소통하는 기능으로서 창문이 가져야 할 '투명한 유리' 대신에 검은 가죽으로 덧대어 아무것도 비추지 못하게 만들었다. 르네상스 시대에 예술 작품이 세상을 향하는 창으로 비유되었다는 점을 고려할 때, 이 작품도 전통 예술에 대한 일종의 저항으로 읽을 수 있다. 하지만 그보다 흥미로운 것은 바닥 쪽에 쓰인 "발랄

그림 2 마르셀 뒤샹, 〈발랄한 과부〉, 1920, 페인트칠한 나무 창문, 검정 가죽으로 덮인 유리판, 77.5×
44.8cm, 뉴욕 현대미술관

한 과부 카피라이트 로즈 셀라비 1920FRESH WIDOW COPYRIGHT
ROSE SELAVY 1920"라는 구절이다. 뒤샹의 여성적 자아의 이름인
'로즈 셀라비'가 여기에서 최초로 등장한다. 이 이름은 1년 뒤 R
을 두 번 겹쳐 쓴 에로즈 셀라비Rrose Sélavy로 바뀐다.* 새 이름에
는 에로스라는 성적 의미가 부여될 뿐만 아니라, 발음대로 읽
으면 "eros, c'est la vie(에로스, 그것이 삶이다)"라는 문장과 일치
한다. 이후 1920년대 뒤샹은 에로즈 셀라비의 이름으로 착시와
언어게임을 비롯한 새로운 탐구를 계속해 나간다.

　언어유희가 아닌, 에로즈 셀라비의 시각적 이미지는 만 레이
의 카메라를 통해 나타났다(그림 3). 여장을 한 뒤샹은 메이크업
을 하고 보석과 털목도리, 모자를 바꿔 가며 카메라 앞에 섰다.
뒤샹은 본인이 직접 디자인하고 상표명을 지은 〈아름다운 숨
결, 베일의 물〉 향수병 패키지 라벨 자리에 이 사진을 붙여 반ℝ
레디메이드 작품으로 내놓기도 했다. 자신의 성 정체성을 이중
적으로 다룬 뒤샹의 방식은 실용품과 미술작품 사이의 레디메
이드를 창안한 것과 같은 맥락으로 읽을 수 있다. 고정된 경계

---

* 1921년 3월 피카비아Francis Picabia가 친구들에게 자신의 〈카코딜산염의 눈Cacodylic
Eye〉 그림에 서명·말장난·그래피티 등을 그려 달라고 요청했을 때, 뒤샹은 "en 6
qu'habilla rrose Sélavy—Marcel Duchamp"이라고 썼다. 이러한 언어게임은 상징주의 작가
들이 발전시킨 문학적 방법을 변형한 것이다. 1939년 파리의 GLM출판사는 마르셀 뒤샹/에
로즈 셀라비의 말장난 42개를 작은 선집으로 엮어 출판하기도 했다.

그림 3
만 레이, 〈에로즈 셀라비(마르셀 뒤상)〉, 1921, 젤라틴 실버프린트, 17.8×13.3cm, 필라델피아 미술관

선들을 교란시켜 그것이 놓인 장소와 받아들이는 관람자의 기대에 따라 다른 방식으로 작용할 수 있게 한 것이다. 뒤샹의 여성적 자아 에로즈 셀라비는 특히 포스트모더니즘과 관련지어 설명된다. 아멜리아 존스는 지금까지 미술사에서 높이 평가받았던 뒤샹의 레디메이드(특히 남성용 소변기!)가 모더니즘의 근거인 기원적인 가부장제도의 상징이라면, 뒤샹의 에로즈 셀라비는 포스트모더니즘의 선조로 페미니즘 전략과 맥락을 같이 한다고 평가했다.[5]

그러므로 남성과 여성의 경계를 자유롭게 넘나든 뒤샹의 실험을 단순히 성도착적 역할 놀이쯤으로 읽어서는 안 된다. 뒤

샹이 몇몇 인터뷰에서 플라톤의《향연》에 나오는 양성 인간에 대해 언급한 것에서 힌트를 얻을 수 있다.《향연》에서 한 사람씩 에로스에 대해 이야기하는 장면에서 희극 작가 아리스토파네스는 신화 속에 등장하는 양성 인간에 대해 설명한다. 손발이 네 개씩, 얼굴이 두 개, 성기도 두 개 달려 있는 양성인간이 제우스의 노여움을 사서 반으로 쪼개어졌고, 분리된 둘은 평생 잃어버린 반쪽을 찾아 헤맬 수밖에 없다는 이야기다. 뒤샹의 '에로즈 셀라비-되기'는 남성적 자아 이면에 있는 모습을 만인 앞에 드러내는 용기 있는 행위였다. 마르셀 뒤샹과 에로즈 셀라비, 남성과 여성을 모두 오가는 작가의 모습은 고정된 젠더 위치를 교란해 사회적 고정관념을 흔드는 것이었다.

뒤샹은 이 이중성을 다양한 방법으로 보여 주려 했다. 1924년 12월 31일 뒤샹은 자신의 모델이었던 브로니아 페를무테르Bronia Perlmutter와 팀을 이루어 2막으로 구성된 발레의 중간 휴식 시간 때 일회성 공연을 올린다. 뒤샹과 페를무테르는 루카스 크라나흐Lucas Cranach의 〈아담과 이브〉(1533)를 따라 '타블로 비방 tableau vivant'[◆]을 선보였다. 만 레이가 리허설 때 찍은 사진(그림 4)

◆ 타블로 비방은 살아 있는 회화란 뜻으로, 살아 있는 사람이 잘 알려진 회화나 연극·문학의 극적인 장면을 무언無言, 부동不動 자세로 모방하는 퍼포먼스이다.

을 보면 이브(페를무테르)는 다리를 꼬고 손으로 음부를 가리고
있고, 아담(뒤샹)은 엉덩이를 뺀 자세로 자신의 여성 자아를 암
시하는 듯한 제스처를 취하며 장미로 음부를 가리고 있다.[6] 남
성과 여성 정체성의 결합은 또 다른 형태로도 등장한다. 뒤샹
이 공원 벤치에 앉아 고개를 숙여 오각형 별 모양의 삭발 무늬
를 보여 주는 1921년 사진이 있는데, 뒤샹은 이 사진 아래에 "여
기 에로즈 셀라비가 있다"라는 구문을 친필로 써넣었다.[7]

　이외에도 에로즈 셀라비의 서명은 〈그녀의 독신자들에 의해
발가벗겨진 신부, 조차도〉(1915~1923)를 위한 스케치인 〈검안 목

격기Oculist Witnesses〉(1920)에서도 발견된다. 에로즈 셀라비는 이제 뒤샹의 '정밀광학' 작품들의 저작권자 이름이 된 것이다.

신부와 독신남들
: 마르셀 뒤샹의 〈그녀의 독신자들에 의해 발가벗겨진 신부, 조차도〉(1915~1923)

〈그녀의 독신자들에 의해 발가벗겨진 신부, 조차도〉(이하 〈큰유리〉)에는 초콜릿 분쇄기·물레방아·글라이더를 비롯한 각종 기계장치들이 등장한다(그림 5). 높이 3미터, 폭 2미터 크기의 이 작품은 위아래 판 사이의 경계가 수평선을 이루며 두 구역으로 나뉘어 있다. 윗부분에는 신부 기계가, 아랫부분에는 독신남을 상징하는 기계 등이 출현한다. 이 작품 제작에 관한 메모를 기록해 둔《녹색상자The Green Box》에 들어 있는 사용설명서*에 의하면, 이 독신남들은 9명의 제복을 입은 남성들(헌병·기병·경찰·사제·웨이터 보조·역장·배달원·수위· 장의사)로서 '아홉 개의 사과 주형Nine malic Molds' 모습으로 나타난다. 이들은 현

---

* 뒤샹은 이 작품의 준비 과정에 쓰인 스케치·메모·설계도 등을 모아 《녹색상자》(1934),
《흰색상자The White Box》(1966)로 출판하였다. 《녹색상자》에는 상세한 기계 사용설명서가,
《흰색상자》에는 시공간에 대한 형이상학적 계측 방법이 언급되어 있다.

그림 5 마르셀 뒤샹, 〈그녀의 독신자들에 의해 발가벗겨진 신부, 조차도〉, 1915~1923, 두 개의 유리판에 유화, 니스, 납 호일, 납 철사, 먼지, 277.5×177.8×8.6cm, 필라델피아 미술관

재는 속이 빈 상태로 표현되어 있지만, 그 작동 방식은 다음과 같다.

아래 구역 한가운데에 자리 잡은 초콜릿 분쇄기가 돌아가면 왼편의 물레방아와 그 위에 달린 주형들도 함께 움직이게 된다. 이 움직임은 남성의 성적 욕구를 상징한다. 욕망으로 가득 찬 발광가스가 주입되면 속이 빈 상태였던 주형은 부풀어 오르게 된다. 이 가스는 주형의 머리에 있는 모세관을 통해 냉각되어 '스팽글Spangle'이라는 작은 가스 바늘들로 변환되고, 스팽글은 일곱 개의 고깔인 '여과기Sieve'를 통과하며 액체가 된다. 이 액체는 하단 유리판 부분에 고여 있다가 어른거리는 '검안 목격기'(안과 시력검사에 나오는 패턴과 유사함)를 타고 상승해 신부 구역의 유리에 뚫어 놓은 작은 구멍들인 '아홉 발의 탄흔Nine Shots' 영역으로 들어간다.

위 구역의 신부 기계는 무채색의 차가운 기계 느낌을 갖고 있으나, 길게 늘어뜨린 더듬이 때문에 곤충 같기도 하다. 설명서에 따르면 신부의 이름은 '동력기–욕망–장수말벌'이기도 하고, '매달린 암컷'이기도 하다. 신부의 욕망은 뒤샹이 '은하수'라고 명명한 구름 같은 형태로 피어 오르는데, 이 은하수에는 '통풍 피스톤Draft Pistons'으로 불리는 세 개의 사각형 구멍이 뚫려 있어, 신부가 무선전신 방식으로 에로틱한 명령을 독신남들에게 전달하는 창구 역할을 한다(그림 6).[8]

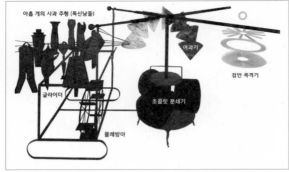

그림 6 마르셀 뒤샹, 〈큰 유리〉 세부

이렇게 독신남들이 성적 에너지를 상단으로 발사시키고 신부
가 무선전신을 보낼지라도, 이들은 직접적으로 서로 닿을 수 없
다. 신부의 세계와 독신남들의 세계는 확연한 차이가 있기 때문
이다. 뒤샹에 따르면 신부의 세계는 측량 불가능한 자유로운 기

하학의 세계이지만, 독신남들의 세계는 측량 가능한 원근법의 세계, 2~3차원의 영역이다(아래 왼쪽 부분에 위치한 수레의 원근법에 따른 묘사가 이를 증명한다). 신부는 스스로 살아갈 수 있는 생명 중추가 있어 자기–충족적이며 자유로운 형태로 변화 가능한 존재이지만, 독신남들은 석탄이나 다른 원료로 살아가는 텅 빈 주형들에 불과하다. 뒤샹은 독신남 장치의 은유적 중심인 초콜릿 분쇄기와 관련된 노트에 "독신남들은 자신의 초콜릿을 스스로 간다"라고 써넣어 이들의 수음 상황을 묘사했다.[9]

완전히 분리된 신부의 영역과 독신남들의 영역이지만, 이 둘은 뒤샹의 여성적 자아와 남성적 자아의 모습이기도 하다. 신부mariée와 독신남célibataires에서 단어의 앞부분을 조합하면 마르셀marcel, 뒤샹의 이름이 된다. 이렇게 해석한다면 이 작품은 여성적 자아와 남성적 자아가 함께 공존하는 뒤샹 자신의 모순적 자화상인 것이다. 프랑스의 철학자 리오타르Jean-François Lyotard는 뒤샹의 〈큰 유리〉에 대한 글에서 프랑스어 단어를 유희적으로 사용하여 다음과 같이 말한다.

"그것은 나, 마르셀Marcel이라고 에로즈Rrose가 말한다. 나는 에로즈라고 마르셀이 말한다. 나는 여전히 독신célibataire이라고 신부mariée가 말한다. 나는 늘 결혼한 상태marié라고 독신자célibataire가 말한다."[10]

또한 리오타르는 독신남들의 욕망을 그동안 가부장제가 여성을 반드시 남성과 관련하여 정의하고 '남성이 아닌 것'으로 동일시해 온 것에 대한 메타포라고 규정한다.

"이 독신남들이 원하는 것은 무엇인가? 그것은 타자, 혹은 이질화dissimulation를 억압하는 것, 획일성the uniform을 강조하는 것이다. 이러한 획일성, 조화reconciliation라는 사고는 지성이 얼마나 어리석은 것인지 보여 준다. 지성은 타자성을 대립으로만 파악할 뿐이다.

발가벗겨진 신부가 보여 주는 것은 정확히 무엇인가? 그것은 여성/남성의 몸은 파악할 수 없는 공간이라는 것, 우리가 섹슈얼리티라고 믿는 것은 이질화의 원칙이라는 것, 그리고 모든 권력은 이러한 이질화를 파괴하고자 한다는 것이다."[11]

리오타르에 따르면 〈큰 유리〉는 대상에 도달하지 못하고 무능하게 성적 충동의 끝없는 유희만을 되풀이하는 역학을 보여 줌으로써 여성을 동화시키려고 하는 남성의 욕망이 실패했음을 의미한다. 〈큰 유리〉는 남녀를 공간적으로 분리된 유리의 두 부분처럼 불일치하고 기본적으로 단일화될 수 없는 것으로 제시하며, 동시에 성적 차이가 대칭적인 것이 아님을 드러낸다.

그러나 여기서 리오타르가 놓치고 있는 것은, 이 남성과 신부 모두가 뒤샹의 자화상이 될 수 있는 것처럼 한 사람의 모습일 수 있다는 점이다. 서로 다른 차원에서 서로 다른 메커니즘으로 움직이는 여성과 남성, 인간과 기계, 이성과 본능의 이중성이 유리 위에 투명하게 중첩되면서—또는 어느 한쪽만 구현되고 한쪽은 누락되면서—그 이중성은 아주 미세한 차이 정도로 그 간극을 좁히게 된다.*

　　이상 살펴보았듯이 뒤샹이 보여 준 레디메이드, 에로즈 셀라비, 그리고 독신자기계의 모습은 그동안 예술이 보여 주었던 "인간적인 방식으로 인간을 제시"하는 방법과는 전혀 다른 방식이었다. 뒤샹은 사물·이성異性·기계의 모습으로 인간 안에 존재하는 비인간inhuman을 직접 제시하는 방식을 취했다. 뒤샹의 예술은 인간 존재의 안정성을 흔들어 놓는 도전을 거듭하며

---

*　여기서 '아주 미세한 차이'라 함의 뒤샹의 '엥프라맹스inframince' 개념을 떠올리게 한다. '아래에'의 뜻을 가진 infra-와 '얇은'의 뜻을 가진 mince의 조어인 엥프라맹스는 뒤샹이 오랫동안 탐구한 주제이다. 엥프라맹스는 차이indifference인 동시에 동일성sameness으로서 변화하는 정체성과 관련된다. 사실 뒤샹의 거의 모든 작품은 이러한 엥프라맹스한 차이를 만들어 낸 예술실험으로 재해석할 수 있다. 대량생산된 기성 제품들에 지극히 작은 차이를 부여해 동일성의 원리를 깨어 버린 레디메이드 작업, 주체 내의 차이를 여성적 자아로 가시화하는 에로즈 셀라비 작업, 하나의 주형에서 여러 주물을 떠내며 동일성과 차이를 실험한 레디메이드의 재再제작, 주형과 주물 조각으로 만들어 낸 작은 에로틱 오브제 작업 모두가 엥프라맹스 원리를 응용한 것으로 볼 수 있다. 정은영, 〈마르셀 뒤샹의 엥프라맹스 탐구에 대한 고찰〉, 《미술이론과 현장》 25, 2018, 132쪽.

우리 안의 비인간을 고발, 증언한다. 그 증언의 방식이 우리의 표상력으로는 담을 수 없고, 우리의 상상력으로 닿을 수 없으므로 그의 작품은 언제나 놀랍고 당혹스러우며 시대보다 앞섰던 것이다. 인간의 벌거벗은 상태, 즉 비이성적이고 비합리적이며 동물적인 모습, 비인간이 타자가 아닌 바로 우리 안에 은폐되어 있음을 드러낸 것이 뒤샹이 일으킨 스캔들의 진실일 것이다.

2장

문학 × 독신자기계

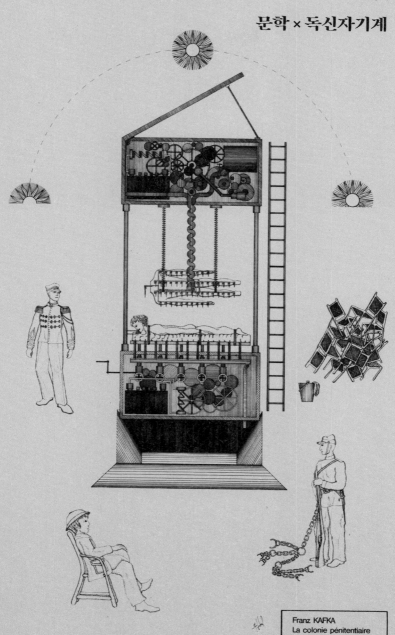

Franz KAFKA
La colonie pénitentiaire

뒤샹의 〈큰 유리〉에 완전히 매료된 사람들 중 미셸 카루주 Michel Carrouges란 프랑스의 저술가가 있다. 그가 1954년 출간한 《독신자기계》란 제목의 책 표지에는 뒤샹의 〈큰 유리〉 작품 스케치가 크게 들어가 있다.[1]

카루주의 정의에 따르면, 독신자기계는 "사랑을 죽음의 메커니즘으로 변형시키는 환상의 이미지"다. 카루주는 이 책에서 '독신자기계'라는 소재가 뒤샹 이후 여러 문학과 예술 작품들에서 반복되고 있음을 밝힌다. 카루주가 가장 심혈을 기울인 것은 뒤샹의 〈큰 유리〉와 프란츠 카프카 Franz Kafka의 단편소설 《유형지에서》(1919)에 나오는 기계를 비교하는 것이었다. 두 기계는 모두 '기입inscription'의 기능이 있는 위쪽 영역에서 아래 영역으로 메시지를 쓰거나 보낼 수 있다. 2단의 구조를 가진 독신자기계에서 기입과 고문은 통상적으로 위쪽 영역에서 비롯되며, 아래 영역의 거주자는 늘 위쪽 영역의 억압적인 행동을 감내해야 하는 숙명을 갖고 있는 것으로 카루주는 분석했다.[2]

이외에도 카루주는 알프레드 자리 · 레이몽 루셀 · 기욤 아폴리네르 Guillaume Apollinaire · 쥘 베른 Jules Berne · 빌리에 드 릴아당 Villiers de l'Isle-Adam · 아돌포 비오이 카사레스 Adolfo Bioy Casares의 문학작품에서 뒤샹의 정신을 잇는 '독신자기계'를 찾아내고 상세히 분석한다. 그렇다고 이들 모두가 따르는 어떤 일반적인 독신자기계의 이미지가 존재하는 것은 아니다. 이들이 묘사한 독신자기계는 각각 다른, 이질적이고, 지엽적인, 독립된 이미지로 지각될 수 있을 뿐이다. 그럼에도 이 독신자기계들의 공통적인 특징을 두 가지 정도 말할 수 있을 것이다.

첫째, 독신자기계는 있음직하지 않은invraisemblable 기계이다.

현실의 기계들과 대부분의 SF소설 속에 등장하는 기계들은 합리성과 유용성을 갖고 있다. 쥘 베른의 소설에 등장하는 잠수함 노틸러스Nautilus호나 달나라로 쏘아올린 대포알처럼 말이다. 이러한 소설들은 과학자들을 자극했고, 실제 과학자들이 로켓으로 달나라 탐사를 가능하게 했을 때 우리는 "상상이 현실이 되었다"라고 말했다. 이들에 비하면, 독신자기계는 실현 불가능하고, 아무 데도 쓸모없고, 쉽게 이해할 수 없으며, 정신착란증 환자의 것처럼 보인다.

독신자기계가 여러 사물들의 조합으로 구성되는 경우, 이 기계 안에는 피뢰침 · 시계 · 자전거 · 기차 · 발전기 등 별의별 것이 다 들어간다. 심지어 고양이가 들어가 있는 경우도 있다. 즉, 독신자기계는 그 어떤 파편도 포함할 수 있다. 독신자기계는 기계 메커니즘의 물리적 법칙과 유용성의 사회적 법칙에 지배되는 다른 기계들처럼 스스로의 존재 이유raison d'être를 갖지 않는다. 오히려 이 기계는 우리가 꿈이나 연극 · 영화에서, 심지어 우주비행사의 훈련 장소에서 볼 수 있는 기계의 시뮬라크르들에 가깝다. 독신자기계는 어떤 기계적 메커니즘의 효과를 가진 척하려고 몇몇 메커니즘의 형상들을 차용하지만, 무엇보다 주관적인 정신적 법칙에 지배된다.

둘째, 그러나 이 있음직하지 않은 기계의 결정적 구조는 수학의 논리에 기초하고 있다.

카루주의 분석에 따르면, 대다수의 독신자기계들이 동등한 지위를 갖는 두 개의 '세트'로 구성되어 있다. 하나는 '성적 세트ensemble sexuel'로 남성과 여성이라는 두 개의 요소로 나뉜다. 다른 하나는 남성과 여성 요소에 상응하는 '기계적 세트ensemble mécanique'이다. 뒤샹의 〈큰 유리〉를 생각해 보면 남성 요소를 대표하는 9명의 독신자기계를 아래쪽에, 그들이 마주하는 단 한 명의 여성인 기계신부는 혼자 위쪽에 자리 잡은 구조로 되어 있다. 이제 〈큰 유리〉가 보여 준 독신자기계의 특성이 다른 문학작품들에서 어떻게 반복, 변주되는지 살펴보자.

해부대 위에서 만난 재봉틀과 우산
: 로트레아몽의 《말도로르의 노래》(1869)

로트레아몽Lautréamont의 《말도로르의 노래》의 네 번째 노래에 나오는 유명한 구절, "해부대 위에서의 재봉틀과 우산의 우연한 만남처럼 아름답다"[3]는 독신자기계의 원형prototype이라고도 할 수 있다. 뒤샹의 독신자기계 탄생 훨씬 전에 출간된 텍스트이지만, 단 한 문장으로 표현된 심플한 결합이 독신자기계의 메커니즘을 명확하게 설명하고 있기 때문이다.

로트레아몽은 낭만주의자들의 유산에서 따온 필명이다. 이시도르 뒤카스Isidore Ducasse가 그의 본명이며 우루과이 몬테비데오에서 태어나 1859년에 프랑스로 넘어왔다. 1868년 말도로르의 〈첫 번째 노래〉를 발표할 때에는 저자 이름을 별 세 개로 대신했고, 여섯 개의 노래 전체를 담은 《말도로르의 노래》는 로트레아몽이란 이름으로 인쇄되었다. 그의 생애에 대해서는 알려진 바가 거의 없으며, 무명으로 살다 스물넷에 요절했다. 《말도로르의 노래》가 주목받은 것은 작가 사후 초현실주의자들이 이 저주받은 천재의 광기와 독창성을 재평가하면서부터다.

여섯 편의 노래에 일관되게 등장하는 말도로르는 신과 인간에 대적해 유혈 낭자한 전투를 벌이고, 185가지의 동물로 변신해 가며 온갖 악행을 일삼는 존재이다. 로트레아몽이 말도로르의 잔악무도함과 광폭함, '악'을 노래하는 방식은 얼핏 보면 어떠한 시적 형식도 따르지 않고 횡설수설하는 듯 보이나, 모든 기억과 모든 욕망이 모든 방향에서 한꺼번에 말하는 초현실주의적 글쓰기의 시원이 되었다.[4]

"해부대 위에서의 재봉틀과 우산의 우연한 만남처럼 아름답다"

네 번째 노래의 이 구절에서 '우연한 만남'은 파리Paris의 변신 괴물 말도로르와 젊은 영국 소년 머빈의 만남을 가리킨다. 남성의 상징인 '우산'은 말도로르를 가리키며, '재봉틀'은 머빈의 여성적 이미지를 가리킨다. '해부대'는 곧 다가올 말도로르에 의한 머빈의 죽음을 암시한다. 이후 다섯 번째 노래의 첫 번째 에피소드부터 머빈의 죽음은 예견되는데, 마지막 여섯 번째 노래에서 우산과 재봉틀은 방돔 광장의 원주와 판테옹의 돔으로 변주된다. 말도로르에 의해 진자처럼 흔들리다 던져진 머빈이 센강La Seine 위를 가로지를 때 나타나는 파리의 하늘은 그의 죽음을 위한 해부대라 할 수 있다.[5]

이 만남을 성적 세트와 기계적 세트를 갖춘 독신자기계로 분석해 보자. 이 문장에 나오는 외견상 이질적으로 보이는 세 개의 오브제 중, 우리는 우산을 (프로이트에 근거해) 남성의 상징으로, 재봉틀을 여성의 상징으로 볼 수 있다. 세 번째 오브제, 해부대는 기계적 요소이다. 이것은 독신자기계의 특별한 기능인 죽음의 메커니즘을 보여 준다고 할 수 있다. 우산과 재봉틀은 연합과 생명을 의미하는 사랑의 침대에서가 아니라, 고독과 죽음을 뜻하는 해부대에서 만나는 것이다.[6]

이 구절은 1920년대 등장한 초현실주의자들의 모토가 되었다. 무의식과 꿈의 세계를 탐구하고 이를 문학과 예술 작품으로 표현하려 한 이들에게 상상과 현실의 결합은 중요했기 때문이다. 특히 르네 마그리트René Magritte가 잘 활용한 데페이즈망 dépaysement 기법은 우리 주변에 있는 사물들을 일상적이지 않은 곳에 위치시켜 기이한 만남을 연출하는 기법인데, 이것은 로트레아몽의 이 구절의 다양한 변주라 할 수 있다.

만 레이는 아예 〈이시도르 뒤카스의 수수께끼〉(1920)(그림 7)란 제목을 달아 로트레아몽에게 경의를 표했다. 만 레이는 뒤샹의 레디메이드 작품들처럼 일상의 재봉틀을 그대로 가져와 전체를 군용 모포로 감싸고 그 위에 끈으로 묶은 후, 제목에 '수수께끼

그림 7 만 레이, 〈이시도르 뒤카스의 수수께끼〉, 1920/1972, 50×57×22cm, 천, 로프, 보이지 않는 오브제, 호주 국립미술관

enigma'를 달아 관객들이 모포 안의 사물이 무엇인지 맞춰 보게 했다. 이 작품은 《초현실주의 혁명》지 창간호(1924)에 사진 작품으로 실려 그들의 "초현실주의 선언"을 뒷받침했다.

처형기계와 사형수

: 프란츠 카프카의 《유형지에서》(1919)

1883년 프라하에서 태어나 프라하대학에서 법학 박사까지

취득한 후 평생을 노동자재해보험국 관리로 일하다가 41세의 나이에 폐결핵으로 세상을 떠난 프란츠 카프카의 일생은 외면상으로는 지극히 평범해 보인다. 그러나 그의 내면을 들여다보면 이방인으로서의 상처를 평생 안고 살았음을 알 수 있다. 독일계 유대인으로 태어나 독일어를 사용했지만, 프라하 상층부를 장악하고 있던 독일인에게는 유대인이라는 이유로, 유대인들로부터는 시온주의를 반대한다는 이유로 배척당했다. 노동자재해보험국의 관리였으니 일반 서민계급도 노동자계급도 아니었다. 모두가 잠든 한밤중에 매일같이 쓴 글을 세상에 발표하기를 꺼렸으며, 그나마 발표된 작품은 대중의 몰이해 속에 주목받지 못했다. 카프카는 이처럼 많은 세계에 조금씩 속하면서 그 어느 것에도 완전히 속하지 않는 이방인이었다. 카프카가 운명의 부조리성과 인간 존재의 상실감에 대한 날카로운 통찰력을 보여 주는 작품들을 남긴 것은 그것이 그의 실존 문제와 맞닿아 있었기 때문에 가능했다.*

카프카가 특히 애착을 보이고 만족을 표한 작품은 《유형지

---

* 들뢰즈와 가타리는 《카프카: 소수 문학을 위하여》(1975)에서 카프카 문학이 보여 주는 언어의 탈영토화, 정치성, 집단성이 소수 문학의 세 가지 특성이라고 설명한다. 질 들뢰즈·펠릭스 가타리, 《카프카: 소수적인 문학을 위하여》, 이진경 옮김, 동문선, 2001 참고.

에서》이다. 카프카는 단 한 차례 프라하를 떠나 뮌헨에서 공개 낭독회(1916)에 참석했는데, 그때 낭독한 작품이 《유형지에서》이다. (이날 낭독회에 참석한 청중의 반응과 비평계의 반응은 좋지 않았으나, 카프카 본인은 이 작품의 완성을 만족할 만한 성과로 기록했다.) 《유형지에서》는 마치 무대 위에서 벌어지는 하나의 사건을 보고하는 듯한 형식을 취하고 있다. 무대의 배경은 강렬한 태양빛이 쏟아지는 섬의 모래밭 골짜기다. 무대 중앙에는 거대한 고문기계가 마치 주인공처럼 우뚝 서 있고, 그 주위를 장교 · 탐험여행가 · 죄수 · 병사 이렇게 네 사람이 둘러싸고 있다.

장교는 탐험여행가에게 처형기계에 대하여 설명한다. 장교는 죄수를 기계에 눕히고 실제 처형 모습을 연출해 가며 이 기계를 찬양한다. 합법적이고 공식적인 이 처형기계는 죄수의 몸에 그의 죄목을 '기입'하는 방식으로 형을 집행한다. 기계는 죄수가 누울 침대인 아래 부분과 '녹사기錄寫機la dessinatrice'라 불리는 윗부분이 간격을 두고 떨어져 있다. 이 두 부분 사이에서 여러 개의 바늘이 달린 '써레'는 녹사기 속에 감춰진 톱니바퀴의 움직임에 따라 죄수의 신체에 죄명을 새기는 역할을 한다(그림 8). 예를 들어 본문에 등장하는 죄수는 항명 및 상관모욕죄로 사형을 언도받았기에 그의 몸에는 "너의 상관을 공경하라"는 문구가 12시간 동안 고통스럽게 새겨지며 그를 도취 상태의 죽음으

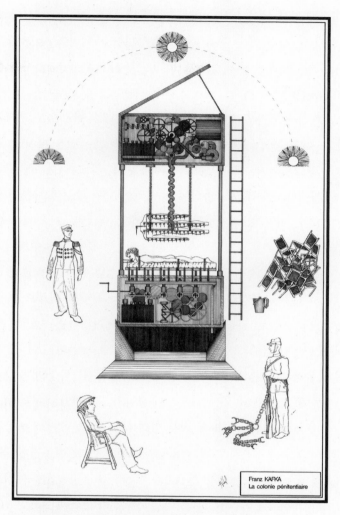

Franz KAFKA
La colonie pénitentiaire

그림 8 알렉상드르 지엘, 〈카프카의 《유형지에서》 도해〉, 1975, in: Michel Carrouges, *Les Machines célibataires*, Paris: Chêne, 1976

로 몰고 갈 예정이다. 여기서 흥미로운 것은 죄수는 자신의 죄는 물론 판결 받은 것조차 알지 못한다는 사실이다. 반면 장교는 죄수의 죄에 대해 일말의 의심도 품지 않고 주저 없이 처형하려 한다.

그러나 사건은 후반부로 갈수록 전혀 다른 방향으로 진행된다. 여행가와 장교는 처형 제도에 대해 의견 대립을 보이고, 결국 장교의 탄핵 재판으로 이어지게 된다. 장교는 죄수를 처형기계에서 끌어내리고 자신이 그 자리에 누워 자신의 처형을 집행한다. 이와 함께 처형기계도 스스로 붕괴된다. 여기서 죽음의 기능은 군대 권력으로 작동되는 기계 전체에 의해 수행되는데, 이는 무너지는 순간까지 일관된 시스템 안에서 작동된다. 오스트리아-헝가리 제국 프라하에 살던 유대인 카프카가 이 작품을 1914년 전쟁 초에 썼다는 사실을 기억하면, 이것의 의미는 반反제국주의・반전反戰 의식 등으로 해석할 수도 있다.

《유형지에서》에 나오는 '처형기계'와 〈큰 유리〉의 기계는 정확한 상응을 이룬다. 우선 두 부분이 겹쳐지는 기계의 전체적 구조가 유사하다. 〈큰 유리〉의 상부 영역에는 신부가 수평의 허물을 벗어 놓고 수직으로 길게 추를 늘어뜨리고 있고, '처형기계'에는 수평적 녹사기와 써레가 긴 촉으로 무장된 쇠스랑을 늘어뜨리고 있다. 작동 원리도 비슷하다. 미셸 카루주의 분석에 의하면, 〈큰 유리〉의 늘어진 긴 바늘은 괘종시계의 추처럼 흔들리고, '처형기

계'의 쇠바늘들도 쉬지 않고 진동한다.[7]

　해독할 수 없는 '기입'이 등장하는 것도 마찬가지다. 〈큰 유리〉의 신부 영역에는 가로로 된 천 조각 같은 것이 있는데, 뒤샹은 이것을 '위의 기입Inscription du haut'·'제목'·'표제'라고 불렀다. 신부의 기분이나 명령 따위를 아래 영역의 사람들에게 알려 주는 역할을 하는 부분이다. '처형기계'의 녹사기는 쇠바늘을 움직여 아래에 누운 사람의 몸에 타투를 입히듯 글자를 기입한다. 이 기계들의 최종 효과에도 비슷한 점이 존재한다. 〈큰 유리〉의 하단부 독신남들의 욕망 에너지는 여러 단계를 거쳐 발산되는 순간, 섬광의 영역으로 들어간다. '처형기계'의 죄수는 사형 집행 초반부에 모든 것을 다 토해 내고, 어느 순간부터 도취 상태, 엑스터시에 빠져 들어간다.[8]

　이런 식으로 외관상 전혀 달라 보이는 여러 면들에도 불구하고, 〈큰 유리〉와 '처형기계'는 매우 닮아 있다. 뒤샹과 카프카는 서로의 작품에 완전히 무지했기 때문에 이 유사점들은 더욱 징후적 독해symptomatic reading를 가능하게 만든다.*

---

* '징후적 독해'란 저자가 작품을 쓰는 과정에서 의식적으로 인식하지 않았던 읽기를 배후에서 찾아냄으로써 감추어졌거나 의도와 무관하게 맥락을 통해 전달된 메시지를 파악하는 것이다. 의사가 정신질환자의 논리성이 떨어지는 발언을 듣고 그의 정확한 상태를 확인하는 것처럼. 텍스트 이면의 무의식적 사유를 복원하고 여기에 기초하여 텍스트를 해석하는 독해 방식이다.

방 안에 갇힌 벌레인간
: 프란츠 카프카의 《변신》(1916)

"어느 날 아침, 그레고르 잠자는 불안한 꿈에서 깨어나자 자신이
침대 속에서 한 마리의 흉측한 벌레로 변해 있는 것을 발견했다."[9]

아마 문학에 별 관심이 없는 사람도 카프카 《변신》의 첫 구
절은 들은 적이 있을 것이다. 주인공 그레고르 잠자Gregor Samsa
는 유능하고 근면한 외판원으로 부모의 부채까지 떠안고 한 가
족을 부양하는 가장으로서 자신을 희생하며 살아가고 있다. 그
러한 그가 어느 날 아침 눈을 떠 보니 흉측한 벌레로 변해 버려
모든 이에게, 심지어 가족에게까지 외면당하고 철저히 사회로
부터 소외당한 채 방 안에 갇혀 지내게 되는 이야기다. 그레고
르가 이러한 일종의 '처형'을 받게 된 이유는 알 수 없다. 우리
가 신화나 동화, 만화나 영화를 통해 알고 있는 수없이 많은 변
신 이야기—주로 마법, 초능력에 의해 변신이 이루어지고, 결
국은 본래 모습으로 돌아온다—와 달리, 그레고르는 처음부터
변신한 벌레의 모습으로 등장하여 끝내 벌레의 몸으로 숨을 거
둔다. 독자는 글을 읽는 내내 그레고르가 왜 벌레로 변신하게
되었는지 의문을 품게 된다. 그레고르가 잠깐이나마 "부모님이
아니었다면 이따위 직장을 때려치웠을 텐데"란 생각을 했기 때

문에 형벌을 받게 된 것일까. 인간을 마치 일벌레로, 돈 버는 기계로 살아가게끔 만든 비인간화된 사회의 최종 결과일까. 아니면 이러한 폭압적 현실에서 벗어나기를 바라는 무의식적 소망이 변신을 초래한 것일까. 분명한 것은 변신의 원인과 의미는 어느 한 가지로만 고정될 수 없다는 것이다. 만약 벌레로의 변신이 해방적 의미를 갖는다 하더라도, 그것은 곧 세상과의 소통불가, 가족의 몰이해로 인해 그 의미가 퇴색되고 결국에는 무의미한 죽음을 맞이하면서 형벌로 전환되는 것이다.

카프카의 《유형지》에서 처형의 집행자가 군대였다면, 《변신》에서 처형의 집행자는 가족이다. 그레고르는 가족들을 먹여 살리기 위해 밤낮으로 고생해 왔건만, 가족들은 그레고르의 변신 이후 그를 방에 고립·감금시키는 편을 택한다. 시간이 지나 그레고르 방의 가구들을 치워 버리고, 이에 항의하는 그레고르에게 사과를 던져 공격하고, 이 상처로 인해 그를 죽음에 이르게 하는 것도 바로 가족이다.

여기서 우리는 그레고르의 방이라는 공간을 독신자기계, 즉 사랑을 죽음의 메커니즘으로 변형시키는 장치로 살펴볼 수 있다. 이 방-기계에서 남성과 여성 세트를 찾아내자면, 남성(이었던) 그레고르에 대해 여성의 역할은 벽에 걸린 그림 속 "모피로 감싼 귀부인"이 맡고 있다 할 수 있다. 이 그림은 그레고르가 직접 잡지 화보에서 오려 내어 이삼 일 걸려 금빛 액자에 넣어 만든 그의 유일한 취미 생활의 증거이다. 여동생이 그레고르의 방 안 가구를 치우기 시작할 때, 벌레가 된 그레고르는 이 그림만큼은 절대 빼앗기지 않으려 벽을 기어올라가 그림의 차가운 유리에 배를 붙인다. 유리가 몸에 닿자 뜨거웠던 복부가 시원해져 기분이 좋아진 그레고르는 결코 이 그림을 넘겨주지 않겠다는 다짐을 하고 또 한다.[10]

독신자기계가 갖추어야 할 기계적 요소는 그림 속 여인의 모피 토시에 가려졌다 나온 양팔이 담당한다.[11] 〈큰 유리〉 상단부 신부가 길게 늘어뜨린 추나 '처형기계'의 쇠스랑이 연상되기 때문이다. 또한 그림이 들어가 있는 액자의 재질이 '유리'라는 점에서 뒤샹의 〈큰 유리〉의 유리와도 연결된다. 이 그림이 잡지에서 오려 낸 복사본이라는 점에서는 '처형기계'의 녹사기의 원래 기능, 베껴 쓰는 기능과도 연결된다. 또한, 그레고르가 변신한 벌레가 진동·움직임·균형의 움직임을 보이는 기계처럼 묘사된다는 점도 기계 부품으로 해석할 여지를 준다.

피뢰침 침대와 탈것 위의 조각상
: 레이몽 루셀의 《아프리카의 인상》(1909)

앞에서도 잠깐 언급했지만 레이몽 루셀은 프랑스 문학사에서 컬트적인 존재이다. 자비출판한 그의 모든 책들은 난해한 작법과 기이한 이야기 전개 탓에 세간의 야유와 혹평을 받았지만, 초현실주의자들과 다다이스트들에게는 열광적인 지지를 받았다.

뒤샹과 피카비아, 아폴리네르가 연극으로 보고 열광한 루셀의 대표작 《아프리카의 인상》도 일반적인 이야기와는 거리가 멀다. 물론 줄거리를 요약할 수는 있다. 프랑스 마르세유를 떠난 거대하고 빠른 배 랭세호가 대서양 한가운데서 폭풍우를 만나 아프리카 해안에 좌초된다. 랭세호에 타고 있던 유럽인들은 포뉘켈레 제국의 황제 탈루 7세의 포로가 된다. 그들은 몸값 협상을 기다리며 황제를 위해 기괴한 공연을 벌이고 이후 여러 일들과 사건을 목격한다는 이야기다. 그러나 이러한 시간적 구성은 사실 이 소설을 읽는 데에 별 도움이 되지 않는다. 독자는 사건의 진행을 따라가고 있다는 느낌보다는 이해하기 힘든 이상한 장면들을 오랫동안 마주해야 하는 낯선 경험에 봉착하기 때문이다.

루셀은 《아프리카의 인상》 1부를 어떠한 인과적 설명도 없이 대관식과 축하공연을 서술하는 데에 할애했다. 사건과 행위의 서술임에도 일종의 연극적 장면들을 상세히 묘사하는 방식을 채택했다. 이 장면들은 일반적인 삶의 풍경과 상식을 벗어나는 낯선 움직임과 장치들에 관한 것이라 독자들을 당혹스럽게 만든다. 우리가 살아가는 세상에서 이 낯선 장치들을 연결시킬 만한 지시 대상을 쉽게 찾을 수 없기 때문에 경험하게 되는 당혹감은 2부의 회상과 설명에서 어느 정도 해소되긴 한다. 하지만 이 소설을 즐기는 방법은 눈앞에 펼쳐지는 기괴하고 낯선 장면들의 연쇄를 그저 향유하는 것일는지도 모른다. 이 소설의 제목도 '아프리카의 인상' 아닌가. 루셀이 우리에게 보여주는 기상천외한 상상력 장치에 대한 인상을 나름의 방식으로 간직한다면 이 소설에 대한 충분한 감상이 될 것이다.

루셀의 무대에 등장하는 낯선 기계장치들이 많이 있지만, 그중 분명한 독신자기계 메커니즘을 보여 주는 두 개의 사례만 살펴보자. 하나는 〈아프리카의 인상〉 연극의 기록사진으로도 남아 있는 피뢰침 침대이다(그림 9). 루셀은 이 피뢰침 침대가 등장하는 장면을 다음과 같이 묘사한다. 젊고 우아한 흑인 여인 지즈메Djizmé가 아무런 저항 없이 이 침대 위에 누워 있다. 그녀의 머리에는 높은 수직의 막대기 피뢰침에 금속선으로 연결된 철모자가 씌워져 있다. 그녀의 발에는 땅과 연결된 금속 재질의 신발이 신겨져 있다. 지즈메는 황후로서의 본분을 잊고 불륜을 저지른 것으로 짐작되는데, 이 죄로 인해 폭풍우 속에서 벼락 맞는 형을 받은 것이다. 마침내 벼락이 피뢰침을 통해 그녀의 몸을 관통하고 그녀의 몸이 무기력하게 사지를 늘어뜨리자, 또 다른 받침대 위에 매여 있던 그녀의 정부는 고통스럽게 오열한다.[12]

그림 9 〈아프리카의 인상〉 연극 장면, 앙투안 극장, 1912

이 피뢰침 침대 역시 사랑을 죽음의 메커니즘으로 변환시키는 독신자기계이다. 앞에서 언급했듯이, 독신자기계라면 거기에서 남성과 여성이라는 성적 세트, 그리고 그에 상응하는 기계적 세트가 발견될 것이다. 이 피뢰침 침대라는 독신자기계에서 지즈메는 단순히 여성의 역할만 하는 것이 아니다. 그녀는 완전히 기계와 통합되어 피뢰침의 퓨즈fuse 역할도 한다. 피뢰침도 죄인에게 벼락을 전달하는 단순한 금속 기계이기만 한 것은 아니다. 여기서 피뢰침은 뇌우霜雨를 담당하는 아프리카 신의 전자적 힘으로 강화된 황제의 권력이 육화된 것이다. 특히 지금까지의 독신자기계들과 비교해 볼 때 피뢰침 침대는 처음으로 죽음을 선고받은 자리에 여성을 위치시켰다는 점이 눈에 띈다.

〈아프리카의 인상〉 연극 무대 사진(그림 9)의 가장 오른쪽을 보면 이상한 탈것 위에 올라탄 조각상이 보인다. 이 조각상이 등장하기 전의 이야기는 상당히 복잡하므로, 여기서 길을 잃지 않으려면 이 장면이 루이즈 몽탈레스코Louise Montalescot가 탈루 황제에게 자신이 만든 조각상 그룹을 소개하는 장면이라는 것을 계속 염두에 두어야 한다. 이 장면에서 유일한 여성 요소는 루이즈이고, 남성 요소는 노예와 칸트로 두 차례 등장한다.

여성에 상응하는 기계적 요소는 루이즈의 등장 장면에서 확인된다. 루이즈는 그가 사는 작은 집의 '유다의 창'(열린 구멍)을 통해 몸의 절반만 보여 준다. 아마 밖에선 보이지 않는 작은 사다리를 타고 올라왔을 것이다. 루이즈는 장교의 군복을 입고 있는데, 오른쪽 황금 견장과 견장에 달린 늘어뜨린 장식줄들은 외과수술의 바늘들을 감추는 기능을 한다. 속이 빈 이 바늘들은 루이즈의 폐를 관통하며 루이즈가 숨을 쉬는 매 순간 이상한 자동음악을 발생시킨다. 지금껏 이 집의 벽을 넘어 들려오던 은은한 음악은 루이즈의 몸 자체가 음악-기계가 되어 내는 울림이었던 것이다. 이 음악은 루이즈의 감정 상태에 따라 빠르고 격렬하게 변하기도 한다.[13]

남성의 기계적 요소를 보여 주는 첫 번째는 노예, 그리스어 수업에서 어눌하게 말한 죄를 범한 스파르타 노예이다. 화가난 주인이 단검으로 노예의 심장을 베었고, 노예는 쓰러지는 순간 조각상이 되었다. 이 노예 조각이 루셀의 소설에서 가장 잘 알려진 발명품이다. "고래수염 코르셋 받침살로 만들어진 조각상"은 "송아지 허파로 만들어진 폭 좁은 레일 위"를 굴러가게 고안된 아주 단순한 탈것을 타고 있다.[14] 루이즈가 길들인 까치가 이 탈것의 내부장치를 작동시키면, 조각상은 비탈 위에 깔린 레일 위를 왔다갔다하는 시소 운동을 반복하면서도 깨지거나 상처를 입지 않는다.[15]

남성의 기계적 요소를 보여 주는 두 번째는 받침대 위에 놓인 칸트의 흉상이다. 이 기계인형을 작동시키는 것도 까치이다. 까치는 칸트의 흉상 받침 왼쪽에 튀어나온 작은 횃대 위에 앉았다 날아오르기를 반복하는데, 이 새의 "번갈아 나타나는 움직임"은 칸트의 두개골 안쪽의 조명을 켜고 끄는 효과를 만들어 낸다. 루셀은 "눈부시게 빛나는 사상가의 뇌에서 초월적인 생각이 태어나는 것 같다"고 묘사한다.[16]

달구가 이빨로 만든 모자이크
: 레이몽 루셀의 《로쿠스 솔루스》(1914)

루셀의 소설은 얼핏 보면 기계의 사용설명서같이 건조하고 개성이 없어 보인다. 명확한 단어만 사용하므로 다르게 해석될 여지도 별로 없다. 그런데 이러한 의미의 투명성에도 불구하고 독자들은 아무리 읽어도 대체 무엇에 관한 서술인지 이해하기가 어렵고, 사건의 진행도 좀처럼 종잡을 수 없는 방식으로 전개된다. 이는 루셀의 특별한 소설 제작법에서 비롯된다. 루셀이 직접《나는 내 책 몇 권을 어떻게 썼는가》에서 설명했듯이, 그는 임의로 단어나 문구를 선택하고 그것과 철자나 발음은 같되 의미는 다른 단어들을 찾아내어 이야기의 전체 골격을 짠다. 예를 들어 "섬ilot의 고래baleine"가 "스파르타 노예ilote 조각상의 재료가 되는 고래수염으로 만든 코르셋 받침살baleine"으로 변화되고, "조롱당하는raille 나약한 자mou"가 "레일rail 모양의 허파mou"를 산출하는 식이다. 앞에서 살펴본 송아지 허파로 된 레일 위를 굴러가는, 코르셋 받침살로 만들어진 스파르타 노예 조각상은 이렇게 탄생한 것이다.[17]

루셀은 이러한 단어들 사이의 간극을 '논리적'인 이야기로 메우거나, 또 다른 단어들을 추가하여 새로운 길을 여는 방식으로 기상천외한 이야기들을 만들어 나갔다.

초현실주의자들은 루셀을 그들과 뜻을 함께할 수 있는 작가라고 여겨 루셀을 찾아가기도 했으나, 이들의 관계는 오래가지 못했다. 이는 어쩌면 당연한 결과일는지 모른다. 현실과 꿈, 의식과 무의식, 이성과 비이성을 종합하고자 했던 초현실주의자들은 꿈을 중시하는 프로이트의 정신분석에 영향을 받았고, 이성과 관습의 통제에서 벗어나 자동기술법으로 글을 쓰고자 했다. 그와 달리 루셀은 이성과 논리의 치밀한 언어를 정교하고 집요하게 탐구해 나가는 방식을 택했다. 루셀의 상상력의 산물이 독자에게 기이한 낯섦으로 느껴짐과 동시에 이성에 근거한 기계적 정교함으로 다가오는 것은 이러한 글쓰기 방식 때문이다.

《로쿠스 솔루스》의 2장에 등장하는 사람 이빨로 모자이크를 제작하는 달구도 루셀의 글쓰기 방식을 잘 보여 주는 예시이다. 이 부분은 굉장히 묘사가 치밀하지만 이 기계의 이미지를 머릿속으로 구상화하는 것이 쉽지 않다. 바로 이 점, 글로 묘사는 되어 있는데 좀처럼 이미지로 구상되지 않는다는 점이 불가능한 것들을 이미지로 구상하고 싶어 했던 초현실주의자들과 다다이스트들의 눈길을 끌었을 것이다. 루셀은 프랑스어의 'demoiselle'이 가진 두 가지 의미(아가씨, 땅을 다지는 달구)에서 다시 ① Demoiselle à prétendant(구혼자가 있는 아가씨) ② Demoiselle à reître en dents(이빨로 제작된 기병의 달구)로 분화시키고, 그 사이를 논리적으로 메워 기상천외한 이야기를 만들어 낸다.[18]

루셀이 묘사하는 이 부분의 이야기는 다음과 같다. 달구의 윗부분은 비행기구이고, 그 아래 원기둥에는 발톱 같은 것이 달려 있어, 지면에 잔뜩 흩어져 있는 이빨들을 잡아 날아가 모자이크를 구성할 수 있다. 누런 이·금니·보철 치아 등 다양한 색의 크고 작은 이빨로 만들어진 모자이크는 사형선고를 받은 용병을 재현한다. 이 용병은 주인에게서 크리스텔 부인을 납치하라는 명령을 받고 시도하다가 붙잡혀 지하동굴에 갇혔는데, 결국 이 여인이 용서해 주어 풀려난다.[19]

좀처럼 시각적으로 구상화하기 힘든 장치이지만, 미셸 카루주의 1976년판 《독신자기계》 책에 포함된 알렉상드르 지엘Alexandre Jihel의 일러스트레이션이 우리의 이해를 돕는다(그림 10).

이 장치를 독신자기계로 분석해 보자면, 성적 세트의 남성은 용병이, 여성은 크리스텔이 담당한다고 볼 수 있다. 또한 demoiselle의 두 가지 의미 중 달구를 남성, 아가씨를 여성이라고 해석할 수도 있다. 그렇지 않고 달구를 기계적 요소로 본다면, 이때 달구는 〈큰 유리〉의 신부 또는 《유형지에서》의 써레와 같은 역할을 한다고 할 수 있다. 완전히 자동으로 작동하는 달구의 옆 부분은 기상을 측정하고 예보하는 기능을 담당한다. 이 부분이 풍량 등을 계산하여 기계가 움직이는 방향과 속도 등을 조절하는 것이다. 여기서 죽음의 요소는 이빨 뽑기로 대체된다. 독신자기계로서 이 기계의 특이점이 있다면, 그것은 여성(크리스텔)에 의해, 그리고 예술적 승화(이빨로 된 모자이크)에 의해 궁극적으로 구원받는다는 점이다.

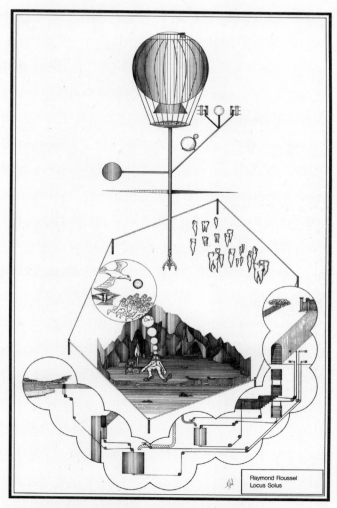

Raymond Roussel
Locus Solus

그림 10 알렉상드르 지엘, 〈루셀의 《로쿠스 솔루스》 도해〉, 1975, in: Michel Carrouges, *Les Machines célibataires*, Paris: Chêne, 1976

다이아몬드 수조

: 레이몽 루셀의 《로쿠스 솔루스》(1914)

《로쿠스 솔루스》는 파리 근교 몽모랑시에 위치한 아름다운 빌라의 거대한 정원을 배경으로 한다. 이 빌라의 이름은 '외딴 곳'을 뜻하는 라틴어 'Locus solus'이다. 이 빌라 주인의 초대를 받은 화자話者와 친구들이 빌라에 도착해 정원을 돌아보는 것이 소설의 골격을 이루는 이야기다. 정원 곳곳은 대단히 다채로운 볼거리를 제공하는데, 이 볼거리에 대한 묘사와 설명이 각각의 장을 이루고 있다. 앞에서 살펴본 특이한 달구에 대한 소개가 2장의 내용이며, 이어지는 3장의 내용은 다이아몬드 모양의 유리 수조에 대한 것이다.

루셀의 설명에 따르면, 높이 2미터에 폭 3미터의 거대한 다이아몬드 모양의 유리 수조(그림 11)에는 아쿠아 미캉스aqua-micans라 부르는 물이 가득 차 있다. 이것은 특수 산소 처리된 물이기에, 이 수조 안에서는 전류의 통과와 자유로운 호흡이 가능하다. 수조 안에서는 살색의 수영복을 입은 무용수 포스틴느Faustine가 춤을 추고 있고, 역사적 신화적 인물들로 구성된 일곱 잠수인형들이 위아래로 떠오르고 잠기는 상하 왕복운동을 하고 있다. 피부가 벗겨진 샴고양이 콩덱렌Khóng-dĕk-lèn, 그리고 혁명가이자 처형당한 당통Danton의 머리 가죽이 떠 있다.

그림 11
자크 카렐망, 《《로쿠스 솔루스》의
다이아몬드 수조》 모형, 1975

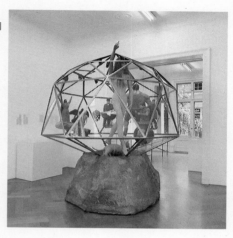

다이아몬드 수조의 성적 세트를 분석하자면, 분명 여성과 남성의 요소는 포스틴느와 당통이 담당하고 있다고 할 수 있다. 그러나 이전에 언급된 다른 독신자기계와는 달리, 이 요소들은 서로를 필요로 하지 않는다. 흔들흔들 춤을 추며 긴 머리카락으로 이상한 음악 같은 소리를 내는 포스틴느는 마치 전자음악 악기가 된 모습이다. 앞서 살펴본 《아프리카의 인상》의 루이즈와 같은 음악-기계가 되어 장면 전체에 음악 소리를 깔아주는 것이다. 오히려 당통의 머리를 갖고 놀고 있는 것은 샴고양이 콩텍렌이다. 이 고양이는 수조 바닥까지 내려가 금속 나팔을 머리에 뒤집어쓰고 올라오면서 나팔의 뾰족한 끝으로 당통의 머리를 건드리기를 반복한다. 이러한 방식으로 당통의 입

근육이 강한 전류를 받으면, 당통이 했던 유명한 웅변의 일부가 자동 재생된다. 요컨대, 포스틴느와 당통 사이에서 샴고양이가 하는 역할은 녹사기와 죄수 사이의 써레, 신부와 독신남들 사이의 여성적 추, 루이즈의 조각상들과 칸트 조각상을 오가던 까치와 같은 중개자 역할인 것이다.

레이몽 루셀이 언제나 정확하게 단어들을 계산해 언어유희를 꾀했다는 점을 생각해 보면, 이 고양이의 이름 '콩덱렌'이 샴어로 '장난감joujou'을 뜻한다는 점에 주목해 볼 수 있다. 그렇다면 춤추는 여인의 '장난감'은 당통의 머리가 된다. 이는 포스틴이 당통의 머리를 가지고 놀고 있다는 의미로도 해석 가능하다. 다른 이야기에서 포스틴느가 지니고 있던 묵주chapelet가 껍질 벗겨진 고양이chat pelé와 동음이의어라는 점을 생각한다면 더욱 그러하다. 그렇다면 이야기의 마지막에서 고양이가 무용수의 어깨에 뛰어 올라가는 것도 논리적으로 이해가 된다.[20]

만 마일 경주와 사랑을 주입하는 전기의자
: 알프레드 자리의 《초남성》(1902)

〈큰 유리〉의 신부와 독신남들처럼 결코 만날 수 없는 사랑은 알프레드 자리의 《초남성》에서 거대한 스포츠 경기로 변형되

어 나타난다. '투르 드 프랑스'를 능가하는 이 거대한 경주에는
기차 · 자동차 · 자전거 · 날아다니는 기계가 모두 참여하며, 각
나라에서 온 참가자들이 파리에서 시베리아까지 향하며 대륙
을 넘나든다. 역시 지엘이 이 경주의 내용을 풀어서 그린 일러
스트레이션이 있는데, 이 도판을 보면서 만 마일 경주 이야기
를 읽어 보자(그림 12).

　기차는 증기를 내뿜으며 철길 위를 전속력으로 달린다. 두
번째 객차 첫 번째 문의 유리창에 나타난 고독한 얼굴은 엘렌
엘슨Ellen Elson으로, 첫 번째 객차에 타고 있는 화학자 아버지와

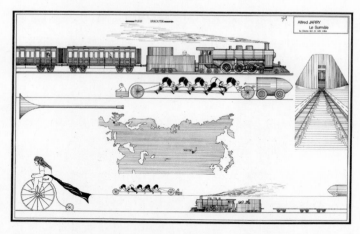

그림 12　알렉상드르 지엘, 〈자리의 《초남성》 도해〉, 1975, in: Michel Carrouges, *Les Machines célibataires*, Paris: Chêne, 1976

거리를 두고 있다. 조금 더 낮은 쪽 도로 위에는 어뢰 모양으로 생긴 연습용 자동차가 운전수 없이 달리고 있고, 그 뒤를 5인 승 자전거가 따르고 있다. 여기에서 페달을 돌리는 독신남들은 뒤샹의 〈큰 유리〉에 나타난 독신남들처럼 속 빈 주형이 아니다. 그들은 마스크로 바람과 먼지를 막고, 머리는 안장보다 낮게 하고 수평으로 엎드린 채 10개의 다리를 알루미늄대에 연결시켜 열심히 페달을 밟고 있다. 이 5인승 자전거는 엘렌의 아버지가 발명한 '영구운동 양식Perpetual Motion Food'을 주입받아 영원히 지치지 않고 달릴 수 있다. 자전거 뒤에 연결된 작은 트레일러에서는 한 난장이가 이 독신남들에게 지시 사항을 외치고 있다. 지면 가까이에서 날고 있던 "깔때기 또는 날아다니는 트럼펫"이 갑자기 방향을 틀며 순식간에 시간당 250킬로미터로 달리는 기차와 5인승 자전거를 추월한다. 이에 자전거 주자들은 갑절의 노력을 하다가 그중 한 명이 즉사한다. 그럼에도 자전거의 페달은 자동으로 돌아가 자전거가 기차보다 2배 빨라진다. 그 사이 기차 안의 사람들은 과열로 인해 불이 붙은 객차를 포기하고, 엘렌과 아버지는 기계공이 있는 기관차로 옮겨 탄다. 5인승 자전거와 기차의 속도는 100미터 높이에서 방향 전환을 해야 하는 코스에서 더욱 빨라진다. 이들은 마치 파리 또는 그레고르 잠자처럼 "천장을 달리거나" 아기 요람과 같은 방식으로 균형을 잡는다. 경주가 거의 마지막으로 치달은 밤, 거대한 그림자가 앙드레 마르퀘이André Marcueil의 등장을 알린다. 그는 사이클에 정자세로 앉아 머리카락을 바람에 날리며 무심하게 달려 가장 먼저 결승점에 도착한다. 어떠한 화학약품의 도움 없이도 그는 기차와 5인승 자전거를 앞지를 수 있는, 인간의 능력을 뛰어넘는 '초남성surmâle'인 것이다.[21]

이 만 마일 경주에도 독신자기계의 구조가 나타난다. 기차 안의 엘렌과 자전거로 달리는 앙드레는 유리창을 사이에 두고 양쪽에서 평행선을 달리는 독신자기계이다. 경기 중 사망한 자전거 주자가 이 독신자기계의 죽음의 요소를 담당하게 된다.

만 마일 경주 후 이어지는 이야기는 다음과 같다. 자신의 성으로 돌아온 초남성은 엘렌과 함께 절대 '사랑'에 이르지 않으면서, 즉 사랑을 느끼지 않고 82번까지 연속적으로 성행위를 하는 기록을 세운다. 반대로 엘렌은 그를 진심으로 사랑한다. 그들의 행위를 계속 관찰하던 한 박사가 초남성이 기계에 불과함을 확인시켜 주어도 엘렌이 계속 사랑한다고 주장하자, 엘렌의 아버지는 기계공에게 "사랑을 불어넣는 전자기magnéto 기계"를 제작하도록 시킨다. 초남성에게 사랑을 강제로 주입하려는 것이다. 기계공은 패러데이의 전자기유도 법칙과 사형용 전기의자 구조를 참조하여, 자석과 연결된 '1인용 전기의자'를 만들어 낸다.

자크 카렐망Jacques Carelman이 1975년에 열린 《독신자기계》전展

을 위해 만든 전기의자 모델(그림 13)을 참고해 보자. 뒤샹의 〈큰
유리〉처럼 위쪽 여성의 영역과 아래쪽 남성의 영역으로 나뉘
어져 있지만, 엘렌은 다른 남성들과 같은 2차원 그림에 머물며
(뒤샹의 〈큰 유리〉에서는 독신남들만 2차원 세계에 머물렀다), 아래
쪽의 초인, 즉 인간의 능력을 뛰어넘는 존재만 3차원 입체로 표
현되었다.

  다시 《초남성》의 내용으로 돌아가 보자. 계속된 행위에 지쳐
잠든 초남성은 이 전기의자에 앉혀져 끈으로 묶이고, 그의 머
리에는 전류가 흐르는 백금 왕관이 씌워진다. 11,000볼트 전류
가 흐르는 순간, 잠을 자던 초남성은 이 전자기가 자신에게서
원하는 것이 무엇인지 즉시 이해하고, "나는 당신을 사랑한다"
고 잠꼬대한다. 이 시점까지는 사랑-전자기가 제대로 초남성
에게 주입된 듯 보인다.

  그런데 전기의자 옆에 서 있던 아버지와 기계공이 갑자기 소
스라치게 놀란다. 전류가 거꾸로 흐르기 시작했기 때문이다.
초남성의 에너지가 기계를 압도하는 바람에 역류한 전자기를
흡수한 기계가 오히려 초남성을 사랑하게 되고, 백금 왕관은
빨간색으로 변해 비틀리며 초남성의 머리를 물어 버린다. 초남
성은 묶인 팔다리를 풀어 내며 전기의자를 거의 부수고 뛰쳐나
가 탈출에 성공한 듯하지만, 결국 공원 창살을 향해 몸을 던져
죽음에 이르는 것으로 소설은 끝난다.[22]

그림 13 자크 카렐망, 《《초남성》에 나오는 사랑을 불어넣는 전자기 기계》 모형, 1975

이 전기의자는 마치 카프카의 《유형지에서》에 등장한 처형기
계를 참조하여 구상된 것 같지만, 《유형지에서》보다 17년 전에
나온 것이며, 루셀의 《아프리카의 인상》에서 지즈메의 생명을
앗아 간 피뢰침 침대보다도 8년이나 앞선다.

그림 그리는 기계
: 알프레드 자리의 《파타피지크 학자 포스트롤 박사의 행적과 사상》(1911)

알프레드 자리의 《파타피지크 학자 포스트롤 박사의 행적과
사상》에 등장하는 '그림 그리는 기계'는 레이몽 루셀의 '그림 그리
는 기계'보다 상대적으로 덜 알려져 있지만, 흥미로운 부분이 있
다. 자리가 그림 그리는 기계를 소개하는 부분은 다음과 같다.

"… 한편, 모두가 세상에서 사라진 후, 납작하게 밀린 황량한 파
리Paris에 홀로 우뚝 서 있는 기계 궁전의 철의 방 안에서, 그림 그
리는 기계는 내부의 질량 없는 용수철 장치가 생명을 불어넣자 방
위각 방향으로 회전하기 시작했습니다. 팽이같이 기둥에 부닥치
면서 방향을 무한히 바꿔 가며 기울고 틀어지는 와중에, 가장 연
한 색이 수면 가장 가까이에 있는 푸스라무르pousse-l'amour 칵테일◆

처럼 배 속 튜브마다 층층이 쌓인 원색을 연달아 벽의 화폭에 마구잡이로 뿜었습니다. … 밀폐된 궁전에는 죽은 광택, 보편적인 센강La Seine의 현대적 홍수만이 털을 곤두세우고 있었고, 뜻밖의 짐승 클리나멘Clinamen**이 자기 세계 내벽면에 이렇게 사정射精했습니다."[23]

이 독신자기계는 극단적인 독신자기계라 할 수 있다. 세상의 종말, 모든 것의 소멸을 가정하기 때문이다. 단 하나의 기계와 이 기계의 거주지, 기계 궁전Palais des Machines만 남아 있다. 기계 궁전은 1889년 파리 만국박람회를 위해 마르스 광장에 에펠탑과 함께 세운 파빌리온을 가리킨다. 이 장소는 이 기계의 활동 기반이 되어 줄 뿐만 아니라, 실질적으로 기계 활동의 표면이 되어 준다. 궁전의 벽이 캔버스를 제공하기 때문이다. 자신의 궁전에서 기계는 '팽이처럼' 원을 그리며 회전한다. 기둥의 존재 덕에 단조로운 회전운동을 하다가 방향을 바꿀 수도 있다.

---

* 여러 음료를 섞지 않고 층층이 쌓는 푸스pousse 칵테일의 일종. 직역하면 '사랑을 밀다'는 뜻이 된다.

** 편위偏位라고도 번역한다. 고대 로마 철학자 루크레티우스의 《사물의 본성에 관하여》에 따르면, 클리나멘은 일정하게 수직 낙하하는 원자들이 기존 궤도에서 아주 살짝 이탈하는 현상을 가리킨다. 이 미세한 변칙 덕에 운동이 발생하고 자연이 생성되며, 필연을 벗어날 수 있는 자유의지가 가능하다.

기계는 배 속 튜브에 층층이 쌓인 색상을 연속적으로 불어 낸다. 기계가 페인트를 뿜는 동작은 사정하는 행위와 같다. 여기서 기계는 동물이 된다! 그것도 예상치 못한, "뜻밖의 짐승 클리나멘"이 된다. 이 뜻밖의 짐승의 이름이 클리나멘인 것은 흥미롭다. 클리나멘은 원래 고대 로마 철학자 루크레티우스가 '기울어져 빗겨남 또는 이탈'의 뜻으로 사용한 개념이다. 여기서 클리나멘의 이름을 이어받은 고독한 기계 괴물은 남/녀, 인간/기계의 경계선을 빗겨 나가는 존재처럼 보인다. 임신한 여성처럼 배가 부풀어 오르지만, 배 속에 존재하는 남성 성기 모양의

그림 14 장 페리, 〈루셀의 《아프리카의 인상》을 따른 그림 그리는 기계〉, 1967

튜브는 끊임없이 발기하는 것으로 볼 수 있기 때문이다. 이렇게 기존의 경계를 이탈할 수 있는 자유를 가진 기계라는 점에서 루셀의 그림 그리는 기계와는 비교된다.

　루셀의 《아프리카의 인상》에 나오는 그림 그리는 기계는 전통적인 '그림 그리는' 역할을 충실히 수행한다(그림 14). 여기에는 기계의 주인(또는 루이즈라는 여주인)이 존재하며, 기계는 정확한 재생을 목표로 한다. 즉, "베윌리프리앙Béhuliphruen 정원의 멋진 나무들"과 정원을 지나가는 사람들을 재현하려는 것이다.[24] 이와 반대로 자리의 기계는 주인도 없고 모델도 없다. 이 기계는 이 세상의 마지막 그림들을 자유롭게 산출한다.

3장

미술 × 기계인간

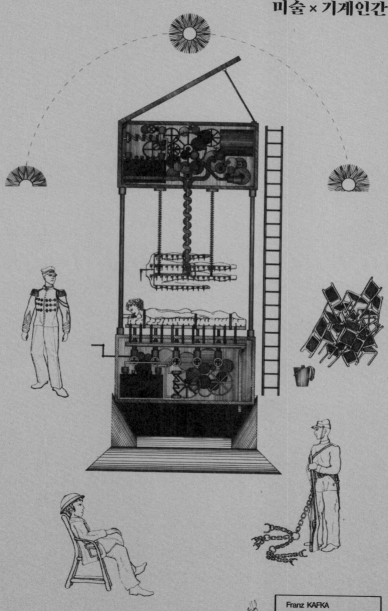

Franz KAFKA
La colonie pénitentiaire

하랄트 제만의《독신자기계》전展(1975)

미셸 카루주가 저작《독신자기계》(1954)에서 밝힌 뒤샹과 여러 문학가들의 독신자기계 비교분석은 20여 년이 지난 후 전시 형태로 다시 한 번 등장한다. 바로 하랄트 제만Harald Szeemann이 기획한《독신자기계》전展(1975)이다.

하랄트 제만이《독신자기계》전을 기획하게 된 계기를 살펴보려면, 그로부터 20년 전으로 거슬러 가야 한다. 1956년 제만은 1890년대 나비파Les Nabis에 관한 박사학위 논문을 쓰려고 파리 국립도서관에서 자료를 찾던 중 그 시대를 풍미했던 알프레드 자리와 그가 창시한 파타피직스 세계에 대해 알게 되었다. 제만은 이 상상의 해법에 기대어 박사학위 논문을 완성해 나갔고, 자리의 글들과 콜레주 드 파타피직스 잡지Cahiers du Collège de Pataphysique를 읽는 데에 많은 시간을 할애했다.[1]

이후 제만은 28세의 젊은 나이로 스위스 베른 쿤스트할레 Kunsthalle의 디렉터로 임명되어 완성도 있는 전시로 미술계에서 인정받기 시작했다. 그가 단순히 능력 있는 큐레이터가 아니라 '전복적인' 큐레이터로 알려진 것은 1969년《태도가 형식이 될 때》전展부터이다. 이 전시는 당시 아방가르드 예술의 집결장 같은 것이었다. 제목이 암시하듯 완성된 작품보다는 예술가들의 창작 태도나 과정에 더 집중한 전시였다. 관객들은 전시장 안팎을 때려 부수고 미완성처럼 보이는 설치작품과 이해할 수 없는 행위예술, 예고 없이 현장에서 제작 중이고 무질서하게 펼쳐진 작품들 사이사이를 넘어 다녀야 했다. 이 과격하고 파격적인 전시로 제만은 쿤스트할레에서 사임하게 되지만, 이후 이 전시는 미술계의 흐름을 바꾸어 놓은 전설적인 전시로 미술사에 남았다. 1972년 제만은 독일 카셀Kassel에서 열린《도큐멘타 5》의 총감독을 맡아 더욱 자유롭고 실험적인 전시를 선보이며, '독립 큐레이터'란 개념을 만들어 갔다. 즉, 어느 기관에도 소속되지 않고 독자적으로 전시를 기획하는 창작자로서 큐레이터라는 모델을 스스로 만들어 나간 것이다.

바로 이 즈음, 그러니까 1970년대 중반 제도권 미술에서 벗어난 하랄트 제만은 20년 전 자신을 매료시켰던 파타피직스의 세계를 떠올린다. 기존 제도와 관습에서 벗어나 예술과 비예술을 모두 아우르는 총체적인 전시를 구상하면서, 제만은 아카데미 프랑세즈와 견줄 만한 진지한 학문의 자세로 그러나 그들만의 놀라운 사색과 상상의 결과를 보여 준 콜레주 드 파타피직스의 연구 결과들을 다시 찾은 것이다.

제만이 1975년 기획한《독신자기계》전은 파타피지크한 세계, '독신자기계 신화'를 시각화하려는 과학·예술·철학의 종합판이었다. 처음부터 제만은 이 전시가 "아트쇼가 아님을, 그러므로 좋거나 나쁜 취향의 문제가 아님을, 관습과 정신분석학, 심지어 형이상학의 문제라는 것을 대중에게 미리 알려야"[2] 함을 강조했다. 전시는 2년간 베니스·브뤼셀·뒤셀도르프·파리·말뫼·암스테르담·비엔나 등 많은 도시를 순회했다.[3] 가는 도시마다 이 전시에 대한 미디어의 반응은 극단적이어서 "미친, 파시스트의, 고문과 같은, 불가해한, 강박적인, 웃음거리가 된, 성적으로 불감한, 이상한, 비합리적인" 등의 단어가 주를 이루었다. 극단적인 전시평은 언제나 관객들의 관심을 불러일으키는 법이다. 이러한 언론의 반응은 오히려 이 전시에 숨겨진 수수께끼와 아이러니에 대한 기대를 오히려 더 높이는 효과를 낳았다.

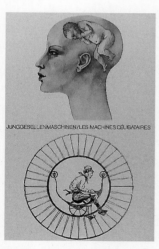

그림 15 하랄트 제만 기획 《독신자기계》 전(1975)의 포스터

전시 포스터는 '독신자기계'라는 테마를 함축적으로 보여 준다(그림 15). 상하로 나누어진 아래 영역에는 독신남이 외발 자전거와 같은 것을 타고 쳇바퀴를 돌고 있다. 영원히 그곳에서 벗어날 수 없는 영구운동을 하고 있는 것처럼 보인다. 포스터의 위쪽 영역에는 아래쪽 세상 일에 무심한 듯 바깥세상을 바라보는 여성의 옆모습이 실려 있다. 흥미로운 것은 여성이 배가 아닌 머리로, 즉 상상으로 아이를 잉태하고 있다는 점이다.

그림 16 (왼쪽) 베르너 허크 · 폴 가신Werner Huck · Paul Gysin, 〈카프카의 《유형지에서》에 나온 처형기계〉, 1975
그림 17 (오른쪽) 자크 카렐망, 〈루셀의 《로쿠스 솔루스》에 나오는 달구〉, 1975

　전시에는 미셸 카루주의 텍스트, 그리고 로트레아몽 · 알프레드 자리 · 레이몽 루셀 · 프란츠 카프카 등의 문학작품에 등장한 상상적 기계들이 실제로 등장하였다. 카프카의 《유형지에서》의 〈처형기계〉(그림 16), 레이몽 루셀의 《로쿠스 솔루스》에 나오는 〈달구가 이빨로 만든 모자이크〉(그림 17), 〈다이아몬드 수조〉(그림 11), 알프레드 자리의 《초남성》에 나오는 〈사랑을 불어넣는 전기의자〉(그림 13) 등이 자크 카렐망Jacques Carelman ＊ 등

＊　자크 카렐망은 하랄트 제만과 함께 콜레주 드 파타피직스 파리지구의 회원으로서, 대중에게 파타피직스의 비이성적 구조와 조직을 이해시키는 데에 큰 역할을 했다.

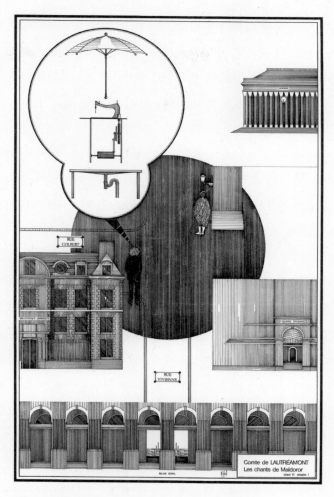

그림 18 알렉상드르 지엘, 〈로트레아몽의 《말도로르의 노래》 도해〉, 1975.

에 의해 3차원 작품으로 시각화되었고, 로트레아몽의 《말도로르의 노래》에 나오는 말도로르와 머빈의 여행(그림 18), 알프레드 자리의 《초남성》에 나오는 만 마일 경주(그림 12) 등은 알렉상드르 지엘Alexandre Jihel*의 일러스트레이션으로 시각화되었다.

전시 목록을 보면 우리는 제만이 이 전시를 위해 미셸 카루주의 《독신자기계》(1954)를 많이 참고했음을 알 수 있다. 제만의 첫 번째 레퍼런스가 카루주의 텍스트라면, 두 번째 레퍼런스는 1972년 출간된 질 들뢰즈Gilles Deleuze와 펠릭스 가타리Félix Guattari의 《안티 오이디푸스: 자본주의와 분열증》(1972)이었다. 들뢰즈와 가타리는 이 책에서 프로이트와 라캉의 정신분석학이 정신적 병리를 오이디푸스 콤플렉스와 같은 가족 내부의 개인적 문제로 환원시켰다고 비판한다. 들뢰즈와 가타리에 따르면, 욕망은 생성적인 흐름이며, 정신적 병리 현상은 개인적인 문제가 아니라 체제의 문제이다. 그런데 우리가 경험하는 자본주의 체제는 화폐자본의 이익이 되는 욕망의 흐름은 열어 놓는 반면, 그렇지 않은 흐름은 억압하는 분열증적인 사회로 만들어 가며, 체제의 당연한 산물인 분열증 환자를 정상화시키려

---

* 지엘은 미셸 카루주의 아들로, 재능 있는 일러스트레이터였는데 평생 지엘이라는 가명으로 작업했다. 1976년 출판된 카루주의 《독신자기계》 두 번째 판형에는 문학작품에 등장하는 각기 다른 독신자기계의 내용을 시각화한 지엘의 일러스트레이션들이 포함되어 독자의 이해를 도왔다.

한다. 이와 반대로 들뢰즈와 가타리는 분열증 현상을 치료하는 것이 아니라 자본주의 체제를 벗어나는 흐름으로 나아가게 하는 '분열-분석'이라는 급진적 대안을 제안하는 것이다.

들뢰즈와 가타리는 이 책에서 다니엘 파울 슈레버Daniel Paul Schreber의 자서전《한 신경병자의 회상록 Memoirs of my Nervous Illness》에 묘사된 정신병적 발작psychotic fit에 대해 '기관-기계'란 개념을 사용했다. 이외에도 들뢰즈와 가타리가 설명한 '기관 없는 몸'·'편집증적 기계'·'분열증적 기계'·'욕망-기계' 개념이 제만의 전시 구상에 영향을 끼쳤음은 명백하다.[**] 들뢰즈와 가타리가 '욕망-기계'를 '사회-기계'에 연결시키는 예로 여러 번 인용했던 리처드 린드너Richard Lindner의 〈기계와 함께 있는 소년〉(1954)도 제만의 전시에 포함되었다(그림 19). 이 작품은 자신의 팔다리를, 자신이 만든 기계에 연결하여 인간의 숨쉬고 먹고 보는 기능을 기계가 대신할 수 있다고 믿었던 소년

[**] 들뢰즈는 이 세상에 존재하는 온갖 것들을 기계라고 부른다. 시계와 같은 기계뿐 아니라, 국가·법·제도·추상적인 것도 기계이며, 음악기계·전쟁기계·얼굴기계·추상기계 등도 가능하다. 하지만 들뢰즈의 기계는 일상적으로 우리가 사용하는 기계 개념과 다르다. "일사분란하게 배열된 부품으로 이루어진 단단한 물건"은 들뢰즈가 '기계론적mecanique'이라고 부르는 것으로 '기계machine'와는 구별된다. 기계론적인 것은 설계된 그대로 오차 없이 형성된 체계이며, 기계적인 것은 서로 이질적인 것들이 섞여 언제든지 변형될 수 있는, 잠정적이고 우연적인 배치 상태와 관련이 있다. 기계의 체계성은 동일하게 반복되는 획일적인 체계성이 아니라, 일탈과 변이·차이를 지니는 것이다.

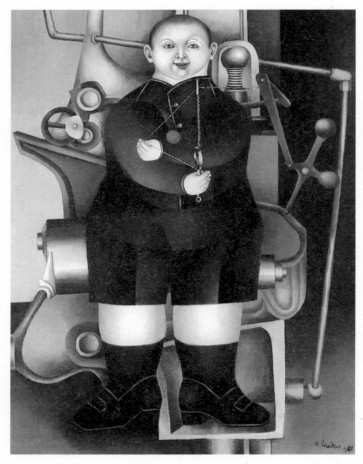

그림 19 리처드 린드너, 〈기계와 함께 있는 소년〉, 1954, 캔버스에 유채, 40×30cm

조이Joey*와 연관시킬 수 있다.[4]

전시에는 뒤샹·뭉크·피카비아·팅겔리와 같은 예술가의 작품들뿐 아니라, 하인리히 안톤 뮐러Heinrich Anton Müller와 같은 정신질환자들의 작품, 엠마 쿤츠Emma Kuntz와 같은 아웃사이더 아티스트의 작품들도 포함되었다. 제만은 베른 쿤스트할레 디렉터 시절부터 정신질환자들의 조형 활동, 독학예술가들self-taught artists 또는 아웃사이더 아티스트들의 작품에 관심이 많았다. 특히 제도권 밖의 작가들을 제도권에 소개할 때, 그들을 가로막는 장벽을 제거하는 데에 초점을 맞추었다. 다시 말해, 제만은 아웃사이더 아트만의 특이성을 강조하는 전시 또는 아웃사이더 아트 미술관을 독립적으로 만들자는 주장에 비판적인 입장이었다. 제만은 자신의 전시 기획이 지향하는 바가 '강박의 박물관Museum of obsessions'이라 주장하는데, '강박의 박물관'은 독학예술가·제도권 예술가, 문서들, 오브제 등이 다 함께 '총체예술Gesamtkunstwerk'의 형태로 제시되는 곳이다.** 제만이 추구

---

* 아동심리학자 베텔하임Bruno Bettelheim이 치료한 자폐증 소년 조이는 침대에 만들어 놓은 복잡한 기계장치에 자신의 몸을 연결해야 잠을 잘 수 있었고, 진공 튜브를 벽에 붙이고 이를 붙잡아야만 배변할 수 있었다.

** 제만은 자신의 머릿속에서 강박의 박물관은 세 개의 테마로 되어 있다고 했는데, 그것은 독신자the Bachelor · 라 맘마La Mamma · 태양the Sun이다. 그 첫 번째 테마가 구현된 것이 바로 《독신자기계》전이다. 한스 울리히 오브리스트, 《큐레이팅의 역사》, 송미숙 옮김.

한 총체예술로서의 전시는 분류를 통해 작품을 제시하는 당시 미술관 관행에 반대하며, 서로 다른 예술들 간의 본질적인 연결점을 찾는 것이었다. 이렇게 '강박의 박물관'이라는 모토 아래 제만은 《독신자기계》전에서 제도권 안팎의 예술가들의 작품은 물론이고, 방대한 양의 오브제 · 인공품 · 사진 자료 · 안드로이드 로봇 · 영화 클립까지 포함시켰다. 중심과 주변, 예술과 일상, 프로와 아마추어의 경계를 허물어 하나의 연속체가 된 이 전시에서 관객은 강박에 가까운 강렬한 의도들intense intentions의 교차를 경험할 수 있었다(그림 20).

제만은 이렇게 다양한 영역에서 나타나는 기계 · 의인화된 기계 · 초월성 · 공포 · 아이러니 · 자폐증 · 예지적 능력이라는 주제를 '독신자 테마'로 묶고 이를 다시 무중력 · 크로노스 · 자전거 · 감전과 전기 쇼크 · 욕망 기계 · 예술을 생산하는 기계 · 영구운동기계perpetuum mobile · 인공생명 · 관음증이라는 소재로 다시 분류하였다.

전시장의 중앙에는 '독신자기계'란 이름을 낳은 뒤샹의 〈큰 유리〉가 배치되었다(그림 21). 이 배치의 의도는 뒤샹의 〈큰 유리〉가 독신자기계의 핵심이라고 강조하기 위함은 아니다. 오

미진사, 2013, 139쪽.

그림 20 (위) 하랄트 제만 기획 《독신자기계》전 전시 정경, 브뤼셀 팔레 데 보자르, 1975
그림 21 (아래) 하랄트 제만 기획 《독신자기계》전 전시 정경, 브뤼셀 팔레 데 보자르, 1975

히려 제만은 뒤샹이 〈큰 유리〉에 만들어 놓은 분위기가 전시 전체에 반영되기를 원했다는 해석이 옳을 것이다. 요컨대 뒤샹은 독신자기계를 '폐쇄회로closed-circuit' 시스템으로 구상했다면, 제만은 이를 '외부화exposition'시켜 개방회로 시스템으로 사용했다고 볼 수 있다.[*] 그중 하나의 예를 들자면, 제만은 뒤샹의 〈큰 유리〉를 한쪽 축에 놓고, 반대쪽에는 하인리히 안톤 뮐러와 같은 정신병동 예술가의 작업을 배치했다. 미술계의 거장이라 할 수 있는 뒤샹과 아무도 기억하지 않는 정신병동의 예술가에게 동등한 지위를 부여한 것이다.

　하인리히 안톤 뮐러에게는 기계와 관련된 이력이 있다. 포도원에서 일했던 젊은 시절, 포도나무를 손질하는 기발한 기계장치를 발명한 것이다. 그는 이 기계장치로 특허까지 얻었지만 세금을 내지 못해 발명품을 다른 이에게 빼앗기고 만다. 이것이 계기가 되어 우울증을 얻었고, 점점 그 정도가 심해져 뮌싱겐 Münsingen 정신병원에 입원하였다. 그는 병원에서 철저히 독립된 시간을 갖고자 땅을 파고 들어가 그 밑에 숨어 있곤 했다. 때로는 굴에서 나와 나뭇가지·넝마·철사 등으로 거대한 톱니바퀴

---

[*] 폐쇄회로는 전류 같은 것이 지정된 입력 지점과 출력 지점을 연결하는 회로를 통해 외부의 유입이나 유출 없이 순환하는 데에 비해, 개방회로는 시작점과 끝점이 연결되어 있지 않아 여러 개의 회로 요소가 접속하는 것이 가능하다.

그림 22 자신이 제작한 기계와 함께 있는 하인리히 안톤 뮐러. c. 1914-1922

로 된 기계들을 만들기도 했다(그림 22). 이 기계들의 사용 목적은
알 수 없지만, 그의 배설물을 윤활유 삼아 각각의 톱니바퀴들이
영속적으로 움직일 수 있는 시스템이었다고 한다.**

** 안톤 뮐러의 기계는 이후 다니엘 스포에리Daniel Spoerri와 장 팅겔리Jean Tinguely와 같
은 전문 예술인들의 눈을 사로잡기도 했다. 이들은 각각 안톤 뮐러에게 바치는 작품을 제
작하는 방법으로 그들보다 앞서 아상블라주Assemblage 조각 또는 키네틱 아트를 정신병
원에서 완성한 선배에게 경의를 표했다. 스포에리의 《덫》 시리즈 중 〈신의 아버지, 안톤 뮐
러에게 경의를 Hommage à Anton Müller, Père de Dieu〉(1960), 팅겔리의 아상블라주 작
품 〈안톤 뮐러에게 경의를 Hommage à Anton Müller〉(1960)은 제목에서부터 직접적인 연
관관계를 밝혔으며, 팅겔리의 초기 키네틱 작품 〈회전예배기 Gebetsmühle I, II, IV〉(1954)에
서도 안톤 뮐러와의 연관성이 보인다. Carine Fol, *From Art Brut to Art without Boundaries*,

정신병 말기에는 돌과 여러 잡다한 재료로 여성 성기 모양의 매우 크고 이상한 오브제를 만들어 놓고, 그것을 자신의 망원경(실제로는 자신의 드로잉을 말아 놓은 것)으로 몇 시간씩 들여다보며 지냈다고 한다. 이러한 안톤 밀러의 삶 자체가 《독신자 기계》전의 '관음증' 섹션에서 기술되는데, 이는 제만이 의도적으로 뒤샹의 생애 마지막 작품 〈에탕 도네Étant donnés〉(1946~1966)(그림 23)와 연결시킨 것으로 보인다. 〈에탕 도네〉는 관람객이 두 개의 핍홀peephole을 통해 닫힌 문 너머의 벌거벗은 여성을 훔쳐보는 작품이다. 제만의 표현에 의하면, "안톤 밀러에게는 양쪽으로 열리는 문도, 인형을 훔쳐볼 열쇠 구멍도 필요하지 않았다. 그는 그가 필요로 하는 것을 창조해 냈다. 죽는 날까지 그는 멀리서 진흙 자궁을 응시하였다."[5] 제만은 뒤샹이 예술을 '강렬한 의도'의 표현이라고 생각하게 된 것은 안톤 밀러의 영향이 컸다고 주장하며, 심지어 "안톤 밀러는 형식적 주제나 다른 이들의 의견이나 거절에 대해 신경 쓰지 않는 진짜 뒤샹"이라고 평가했다.[6] 제만에게 뒤샹과 밀러는 동일선상에 놓인 창작자였다. 제만이 한 인터뷰에서 밝힌 말은 의미심장하다.

Milano: Skira, 2015. p. 208.

그림 23 마르셀 뒤샹, 〈에탕 도네〉, 1946-1966, 혼합 매체, 필라델피아 미술관

"예술가는 누구든지 깊은 곳에서는 항상 독신자이다."[7]

이러한 식으로 제만은 뒤샹의 독신자기계가 뒤샹 이후 미술과 문학 작가들에 의해 계승·연결되기도 하고, 거부 또는 전복되기도 하는 현상이 어느 한쪽에 중점을 두지 않고도 조명될 수 있도록 전시 안에서 시너지효과를 내도록 하였다.

자전거와 같은 탈것도 《독신자기계》전에서 중요하게 다루어졌다. 세기 전환기에 기술적 혁신은 전시 포스터(그림 15)에 나타난 것처럼 중력을 거스르는 탈것으로 재현되곤 했다(E.T.의 자전거를 떠올려 보라). 흥미로운 것은 이동이 불가능한 탈것, 즉 무용無用한 기계, 또는 원래의 기능이 아닌 전혀 다른 기능으로 전환된 탈것들도 함께 전시되었다는 점이다.

이 전시를 위해 여러 문학작품에 등장하는 독신자기계의 3차원 모형을 만든 자크 카렐망은 사실 《발견할 수 없는 오브제들의 카탈로그Catalogue d'objets introuvable》(1969)로 알려진 예술가였다. 다다이스트들과 초현실주의자들의 전략이었던 '발견된 오브제objet trouvé*'에 대한 패러디로 보이는 이 카탈로그는 세상에

---

* 뒤샹의 레디메이드부터 시작된 '발견된 오브제'는 주로 기계로 제작된 기성 물건들 또는 일상용품이 예술작품으로서 새로운 지위를 부여받는 것을 가리킨다.

서 발견할 수 없는 기상천외한 사물들을 소개했다. 카탈로그에는 주로 데생 작업이 실렸지만, 그의 몇몇 오브제들은 실제 제작되기도 했다. 그중 하나인 〈대칭 자전거La bicyclette symétrique〉를 제만은 이 전시에 포함시켰다. 〈대칭 자전거〉는 두 개의 안장과 두 개의 핸들바가 정확히 반대 방향을 향하고 있어 양방향으로 작동하는 자전거이다(그림 24).

뒤샹의 레디메이드 〈자전거 바퀴〉(1913/1964)와 로버트 뮐러 Robert Müller의 자기성애autoerotic 기계인 〈달리는 과부La Veuve du

그림 24 하랄트 제만 기획 《독신자기계》전 전시 정경, 브뤼셀 팔레 데 보자르, 1975
(왼쪽 아래) 자크 카렐망, 〈대칭 자전거〉

coureur〉(1957)는 전시에서 나란히 배치되었다(그림 25). 뒤샹의 〈자전거 바퀴〉는 자전거에서 분리되어 굴러가는 기능은 상실했지만, 나무의자와 결합하여 손으로 돌릴 수 있는 움직이는 조각으로서 새로운 기능을 획득했다. 로버트 뮐러의 자전거는 여성이 앉았을 시 성욕을 자극할 수 있게 안장이 설계되었다. 뒤샹이 〈큰 유리〉에서 독신남들의 수음 행위를 묘사했던 것의 여성 버전이라 할 수 있다.

이렇듯 《독신자기계》전에 제시한 여성과 남성의 기능은 고정적이지 않다. 뒤샹의 이름 마르셀marcel이 〈큰 유리〉의 두 부분 '신부mariée'와 '독신남célibataires'의 앞글자로 이루어진 것처럼, 뒤샹이 수시로 '에로즈 셀라비Rrose Sélavy'라는 여성적 자아로 자유롭게 오갔던 것처럼, 독신자기계의 각 요소들은 각각의 작품에서 자유롭게 상대방의 옷을 입는다. 이것은 비단 남성/여성의 요소뿐만 아니라, 신/인간·인간/동물·인간/기계 항에서도 마찬가지다. 전형적인 남성성과 여성성을 보여 준 《초남성》의 남녀 간 사랑이 종국에는 인간과 기계의 사랑으로 전환되었던 것처럼 말이다.

지금까지 살펴보았듯이 '독신자기계'란 이름으로 묶인 문학과 예술에서 나온 환상적 기계들은 얼핏 보면 같은 범주에 들어갈 수 없어 보일 정도로 다양하다. 들뢰즈와 가타리가 《안티

그림 25 하랄트 제만 기획 《독신자기계》전 전시 정경, 브뤼셀 팔레 데 보자르, 1975
(왼쪽 뒤) 마르셀 뒤샹, 〈자전거 바퀴〉, 1913/1964
(오른쪽 앞) 로버트 뮐러, 〈달리는 과부〉, 1957

오이디푸스》에서 '독신자기계'를 설명한 부분에서도 이러한 이야기를 하고 있다. 먼저 그들은 분열증과 편집증의 차이를 설명한다. 편집증은 적분식으로 한자리를 파고 들어가 욕망이 그곳에만 쌓이는 방식으로 작동한다. 반면 분열증은 미분식으로, 하나에서 나와 다른 것으로 기꺼이 '변신', 즉 다른 것으로 '되기'를 하거나, 또는 동시에 다른 여러 모습으로 '존재하기'가 가능하다. 우리가 살펴본 다양한 독신자기계들은 어떤 공통된 특징들, 즉 체형體刑들·죽음의 그림자들·전형적인 규칙 등이 발견된다는 점에서 '편집증기계'처럼 보일 수 있다. 그러나 들뢰즈와 가타리에 따르면, 독신자기계는 편집증기계가 아니다. 독신자기계는 체형들 또는 죽음에서까지도 새로운 무언가를 드러내기 때문이다. 독신자기계 특유의 에로티시즘이 다른 무제한의 권력을 해방하기라도 하듯, 새로운 결연과 탄생이 나타나고 황홀한 혼례가 맺어진다. 그리고 이러한 방식은 자기성애적 또는 자동장치적이라 할 수 있는 쾌락을 생산한다. 요컨대 독신자기계는 '분열증기계'이다. 우리는 독신자기계에서 삶과 죽음 사이에서 유예된 상태에 머물게 되고, 독신의 비참함과 영광을 동시에 바라볼 수 있으며, 한쪽에서 다른 쪽으로 이동하는 강렬한 이행감利行感, 그리고 순수하고 생생한 강도intensité를 체험할 수 있기 때문이다.[8]

그렇다면 우리가 맨 처음 언급했던 것과 달리, 독신자기계는 '생산하지 않음' 또는 '유용하지 않음'과 등가等價인 것이 아니라는 결론에 도달하게 된다. 합리적이고 이성적인 세계에서는 그렇게 보일지 몰라도, 파타피직스 세계에서는 그렇지 않다. 파타피직스 세계의 원칙 중 하나는 '보편적 등가성universal equivalence', 모든 것이 동등하다는 것이며, 또 다른 하나는 '반대 항들의 도치inversion of contraries'가 수시로 일어난다는 점이다. 출산하지 않는 에로티시즘과 또 그것의 전면 부정, 죽음과 불멸성, 처형과 원더랜드, 고통과 부활과 같은 대립 항들은 독신자 기계에서 동시에 출현 가능하다. 제만은 바로 이 점을 전시를 통해 구현하고자 했다. 여기서 수많은 독신자들의 고뇌는 자연스럽게 '타인'의 삶과 공유된다. 나와 다른 사람, 나와 다른 성性, 나와 다른 메커니즘을 가진 기계를 만나 새로운 결연을 맺을 수 있는 것이다.

아방가르드 예술의 기계 × 인간

사실 우리가 독신자기계 테마의 시발점으로 다룬 뒤샹의 〈큰 유리〉에 나타난 '인간의 기계화'는 당시 아방가르드 예술가들이 공유하던 표현 방식 중 하나였다. 뒤샹이 속했던 다다이즘은 물론이고, 미래주의 · 순수주의 · 초현실주의 · 절대주의·러시아 구축주의constructivism·미국의 정밀주의·바우하우스 등 20세기 전반기에 나타난 여러 예술운동의 기저에 '기계미학'이 깔려 있었다. 이들은 기계와 기계적 효과까지 미적 대상에 포함시키며 인간의 삶에 침투한 '기계의 세기'를 드러내었다.* 이는 1851년 대박람회부터 20세기의 만국박람회까지, 새로운 산업기계들이 세계를 돌며 '전시'된 것과 관련이 있다. 물론 기계가 이 시기에 처음 등장한 것은 아니다. 고대의 도르래·지렛대·바퀴부터 따지자면 그 역사는 무척 오래되었지만, 기계가 기능성과 실용성을 떠나 미학적 의미를 획득하게 된 것이 이 시기인 것이다. 특히 진보적 실험적 예술을 추구했던 아방가르드 예술가들에게 기계는 새로운 관심의 대상이 되었다. 그러면서 자연스럽게 기계 또는 기계와 유사한 형상들은 전통적인 형상에 반기를 드는 아방가르드 정신의 산물처럼 여겨졌다.[9]

예술 작품에 기계를 도입했던 시대적 배경은 같았지만, 아방가르드 예술가들마다 기계를 바라보는 시각은 조금씩 차이가

---

* 에릭 홉스봄Eric Hobsbawm은 1900년대 초반을 '기계의 세기'로 정의한다. 그에 의하면 20세기 예술의 진정한 혁명은 모더니즘에 의해 달성된 것이 아니라 예술의 외적 부분, 즉 기술과 대중 시장의 논리가 결합되면서 미학적 소비의 민주화가 달성된 것이다. 에릭 홉스봄, 《파열의 시대》, 이경일 옮김, 까치, 2015, 291~304쪽.

있었다. 사실 과학기술의 진보를 바라보는 낙관적 시각과 비관적 시각은 언제나 함께 온다. 과학기술이 가져올 유토피아적 미래를 기대하는 사람들은 새로운 기술이 부를 창출하고 인간에게 자유를 가져다주며 공동체와 개인의 필요를 충족시켜 줄 것이라 믿는다. 디스토피아적 미래를 예상하는 사람들은 기술 발전이 가져올 편리함에도 불구하고, 이 기술이 개인의 일자리를 빼앗고 개인의 프라이버시를 침해하고 인간성을 상실시켜 인류의 파멸로 치닫게 될 것을 두려워한다. 마찬가지로 20세기 예술도 기계화와 산업화를 구원의 수단으로 보는지, 재앙의 전조로 보는지에 따라 양분된다. 속도 · 반복 · 거대주의 · 표준화 · 효율성 · 소음과 같은 기계미학의 모티프가 조화와 힘이라는 긍정적 비유를 만들어 내기도 하지만, 동시에 기계화된 인공적인 세계에서 인간이 소외된다는 부정적인 비유를 만들어 내기도 하는 것이다.

먼저 미래주의자들은 기계화된 현대사회에서 낙관적 이상을 발견했다. 그들은 기계가 갖고 있는 새로운 아름다움의 형태와 논리적 · 기능적 성격을 예술로 구현할 수 있다고 믿었다. 1909년 마리네티Filippo Tommaso Marinetti의 '미래주의 선언'은 기계화된 현대사회를 긍정적으로 받아들이고 그 속에서 인류의 희망을 추구하려는 태도를 보여 준다. "우리는 새로운 미, 즉 속도의 미로 인하여 풍요로워진 이 세계의 찬란함을 공표한다. … 윙윙거리며 쏜살같이 달리는 자동차는 사모트라케의 승리의 여신보다 더욱 아름답다"[10]는 선언문 내용은 기계의 역동성에서 아름다움을 발견한 미래주의자들의 태도를 단적으로 드러낸다.

보치오니Umberto Boccioni의 '미래주의 조각 선언'에서는 다음과 같은 구절이 발견된다.

"시계추의 왕복운동이나 시계바늘의 움직임, 실린더 속 피스톤의 드나듦, 톱니바퀴의 맞물림과 떨어짐, 플라이휠의 격노, 프로펠러의 소음, 이 모든 것이 미래주의 조각이 이용하여야 할 조각적·회화적 요소라는 사실을 잊지 말아야 한다. 밸브의 개폐운동은 눈꺼풀의 움직임만큼이나 아름답게 보이며, 동시에 무한히 현대적이다."[11]

보치오니는 조각에 실제 움직임을 주고자 모터를 조각 속에 장치하는 가능성을 언급하기도 했다.[12]

미래주의자들의 기계 낙관주의는 주로 역동성과 속도를 표현하는 방식으로 표출되었다. 그러나 그들이 역동성과 속도를 나타내기 위해 선택한 방법은 기존의 분할주의식 표현법이었다. 예를 들어 발라Giacomo Balla가 〈추상 속도-자동차가 지나갔다〉(1913)(그림 26)에서 시도한 것처럼, 자동차가 지나갈 때 움직이는 공기와 역동적 느낌을 분할된 선으로 묘사하는 식이었다. 조

그림 26 자코모 발라, 〈추상 속도-자동차가 지나갔다〉, 1913, 캔버스에 유채, 50×52.7cm

그림 27
움베르토 보치오니, 〈공간 속에서의 연속성의 단일 형태들〉, 1913, 브론즈 캐스트 1931, 111.2×88.5×40cm, 뉴욕 현대미술관

각도 한계를 지니긴 마찬가지였다. 보치오니의 〈공간 속에서의 연속성의 단일 형태들〉(1913)(그림 27)은 걸어가는 사람의 모습을 보여 주고 있지만, 움직임이 주는 속도감이나 움직이는 그 순간의 에너지가 느껴지지는 않는다. 무엇보다 브론즈의 무거운 양감과 대좌 위에 놓인 인물상은 전통적인 조각상과 다름없었다. 요컨대 미래주의자들은 단일한 평면인 회화나 좌대 위 고정된 조각상의 지위에 도전한다거나, 기계의 효과가 아닌 기계 자체

의 형상을 화면에 담는다거나 하는 방향으로 나가지는 않았다.*

프랑스 태생의 입체파 화가 페르낭 레제Fernand Léger도 기계에 대한 낙관적 조망을 품은 작가 중 대표적인 인물이다. 그는 기계와 기계 생산품의 조형성을 통해 현대사회의 기계화된 문명을 표상하고자 하였다. 그는 기계의 아름다움이야말로 현대적인 미의 주제이며, 기계 생산품은 아름다우면서 동시에 유용하기 때문에 예술의 난점을 해결할 것이라 여겼다.[13] 레제는 이러한 생각에 그치지 않고, 기계 형상에서 발견한 미를 직접 회화에 도입하였다. 그러나 레제는 "나는 결코 기계를 모사하지 않으며, 다른 화가들이 상상력을 가지고 풍경을 그리듯이 기계를 표상하는 이미지를 창조한다"고 밝혔다.[14] 다시 말해서, 그의 작품은 구체적인 산업기계 형태들을 그대로 복사하는 것이 아니라 기계의 형태미를 회화적으로 표현한 것이다. 레제가 그린 〈기계공The Mechanic〉(1920)(그림 28)을 보자. 전체적으로 인간처럼 보이지만, 실린더 모형의 몸과 단순한 비례는 로봇을 닮았다.

---

* 후기 미래주의자인 프람폴리니Prampolini와 데페로Fortunato Depero의 회화에서 구체적인 산업기계 형태들, 즉 연동장치와 윤전지 · 피스톤 · 터빈 · 프로펠러 등의 형태를 찾아볼 수는 있지만 실험적인 시도에 머문다. 그렇다고 미래주의가 기존의 회화와 조각에 머물러 있었다고 주장하는 것은 아니다. 사실 미래주의는 정체된 대상에 관심이 없었다고 보는 것이 옳다. 그들의 핵심 주장은 회화나 조각보다는 연극 · 이벤트 · 음성시sound poems 등 모든 종류의 활동적인 행위에서 더 잘 드러났다.

그림 28
페르낭 레제, 〈기계공〉, 1920, 캔버스에 유채, 116×88cm

레제가 노동자를 기계처럼 표현한 것은 산업화된 공장에서 인간이 하는 단순노동이 인간을 기계적으로 만들어 인간적인 면을 빼앗는다는 식의 두려움을 묘사하기 위함이 아니다. 오히려 노동자를 영웅으로 묘사하고 노동(기계운동과 근육운동 모두 포함하는 노동)을 예찬하기 위함이다. 그의 작품 속 노동자는 기계 덕분에 고급스러워지고 젊어진 느낌이다.

또한, 레제의 회화에서 주목할 점은 작품이 규격화된 부품의 조합처럼 보인다는 사실이다. 레제는 규격화 · 표준화를 통해 도달할 수 있는 평등주의 미학을 추구했다. 다시 말해, 예술 작품이 천재 예술가와 같은 개인숭배로 이어지지 않고, 보편적인 미의 접근 통로가 되기를 원했다. 레제뿐만 아니라 당시 몬드리안 같은 작가들도 몇 가지 한정된 시각언어나 기하학적 형태만으로 작품을 만들어 예술 작품을 탈개인화시키고자 했다. 몬드리안의 3원색과 수직수평선만으로 만들어진 작품을 떠올려 보면 된다. 그러나 이러한 노력에도 불구하고, 해당 작품들이 여전히 '몬드리안 스타일' 또는 '레제 스타일' 같은 작가의 고유한 산물로 인식되는 것은 아이러니다. 로봇과 같은 인물 형태, 원통형 형상으로 표현하는 레제 스타일을 우리는 튜비즘Tubism 이라 부른다.

한편, 이 시기 레제가 제작한 영화 〈기계적 발레Ballet méchanique〉(1924)(그림 29)는 일상의 물체나 기구의 일부를 단독으로 클로즈업

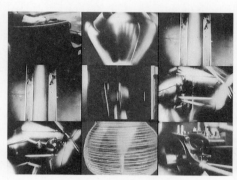

그림 29
페르낭 레제, 〈기계적 발레〉,
1924, 흑백필름, 10mins 23sec

하면서 기계적이고 반복적인 움직임을 보여 주는 실험적인 작품이다. 15분 남짓되는 영화 속에는 그네를 타는 여성·반복적으로 웃는 여자의 얼굴·타자기·움직이는 시계추·앵무새·놀이공원의 기계들·자동차·마네킹 다리·모자·구두와 같은 공산품·공장에서 찍어 낸 조리 도구·기계 파트의 움직임들이 등장한다. 이 이미지들은 숫자 및 도형들과 교차편집되면서 빠른 속도로 몽타주된다. 기계가 우리의 일상에 들어온 모습, 그리고 기계처럼 반복되는 현대인의 일상을 함께 은유하는 것이다.

찰스 실러Charles Sheeler는 동일한 제목〈기계적 발레〉를 회화작품으로 선보였다. 그는 미국의 산업단지를 촬영하고 드로잉했으며 이를 정교한 회화로 제작했다. 작품의 주제도 공장 또는 기계와 관련 있지만, 표현 방식에서도 극도로 객관적이며 정확하게 묘사하는 스타일을 보여 준다. 이러한 작업을 하는 이들을 우리는 정밀주의precisionism라 일컫는다. 실러의〈기계적 발레〉(1931)는 디트로이트 근교에 위치한 포드 자동차 공장 사진을 모사한 작품이다(그림 30). 당시 세계에서 가장 큰 규모를 자랑했던 포드 자동차 공장은 기술적으로도 가장 앞서 있었다. 이 그림이 제작되기 한 해 전에는 디트로이트에서 수천 명의 노동자가 해고되어 실업자 시위가 크게 벌어지기도 했다. 1930년대 대공황이 코앞에 닥친 위기 속에서도 실러는 이 작품에서 기계산업을 예찬하고 있는 것이다.[15]

그림 30 찰스 실러, 〈기계적 발레〉, 1931, 종이에 콩테 크레용, 로체스터 메모리얼 아트 갤러리

〈기계적 발레〉라는 제목은 1920년대 독일 바우하우스에서도 등장한다(그림 31). 오스카 슐레머Oskar Schlemmer는 독일 바우하우스 공방에서 연극·금속공예·조각을 가르쳤으며, 많은 '기계적 발레'를 안무했다. 그의 퍼포먼스에서는 엔진의 부품이 무용수·무대장치·의상을 대신했으며, 구르는 바퀴·움직이는 피스톤·맞물린 톱니바퀴의 기계적 운동이 배우들의 무언극으로 상영되었다. 이렇게 서로 다른 미술 사조와 장르에서

그림 31 〈삼부작 발레〉를 위한 오스카 슐레머의 무대의상, 1926, 베를린 메트로폴 극장, photo: Ernst Schneider

나타나는 기계적 발레들의 공통점은 속도 · 거대주의 · 반복이라는 기계미학의 정신을 공유한다는 점이다.

한편 기존의 예술과 문화에 대한 비판의식에서 출발한 다다 작가들은 현대문명의 산물인 기계를 전통적인 예술적 가치를 거부하는 표현 수단으로 이용하였다. 특히 베를린 다다 작가들은 인간과 기계를 병치하여 그들의 반反정치적 의식과 반反예술적 태도를 나타냈다. 이들은 신문과 잡지 광고 사진들에서 기계 형상들을 오려 내어 화면에 붙이는 포토몽타주 기법을 주로 사용하였다. 한나 회흐Hannah Höch의 1919년 포토몽타주 작품(그림 32)을 보면, 톱니바퀴 · 휠과 같은 기계 부속품들이 거리의

그림 32 한나 회흐, 〈독일 최후의 바이마르 배불뚝이 문화시대를 자르는 다다 부엌칼질〉, 1919, 포토몽타주, 114×90cm, 베를린 내셔널갤러리

풍경, 인간의 몸과 합쳐져 있다. 시사잡지와 기술잡지에서 오려 낸 정치인들과 대중문화 유명인들 사진과, 산업·패션·댄스의 파편들이 몽타주되어 있다. 작품 왼쪽의 '다다', 오른쪽에 '안티 다다' 편으로 나누어 양쪽으로 무리를 나누고, 남성의 머리와 여성 댄서의 몸을 콜라주하여 성의 이분법적 경계를 흐리

는 등 급변하는 사회의 격동을 나타내고 있다. 다양한 주제의 집합군들을 연결하면서 움직이는 원형 수레바퀴·톱니바퀴·기계 부품이 그림 속에 장착되어 20세기를 여는 새로운 기술적 동력의 느낌을 불어넣었다.

라울 하우스만Raoul Hausmann의 〈집에 있는 타틀린Tatlin at Home〉 (1920)(그림 33)에서는 타틀린의 뇌 부분이 자동차 핸들 축과 부속 기계로 대치되었다. 타틀린Vladimir Tatlin은 누구인가? 러시아 구축주의 예술가 타틀린은 실용적인 용도로 설계된 〈제3인터내셔널을 위한 기념물〉(1920) 모형과 1인용 비행기구 〈르타틀린〉 (1929~1932) 등을 제작하며, 테크노크라트technocrat적인 유토피아에 대한 신념과 열망을 드러낸 인물이다. 하우스만의 작품에서 타틀린을 기계 형상으로 표현한 것은 다다이스트들이 타틀린을 기계미술의 창시자로 여기고 있음을 보여 준다. *

라울 하우스만의 〈우리 시대의 정신-기계 머리The Sprit of Our Time-Mechanical Head〉(1919)(그림 34)는 그들이 표방하는 다다의 인간상을 단적으로 묘사하는 아상블라주Assemblage 작품이다. 사포로 오랫동안 문질러 반질반질해진 목재 머리 위에 컵·돈지갑·

---

* 1920년 〈제1회 국제 다다 아트페어〉의 슬로건이 "예술은 죽었다. 새로운 타틀린의 기계예술 만세"였다는 것은 그의 영향력을 상징적으로 보여 준다.

그림 33 (왼쪽) 라울 하우스만, 〈집에 있는 타틀린〉, 1920, 포토몽타주, 41×28cm, 스톡홀름 현대 미술관

그림 34 (오른쪽) 라울 하우스만, 〈우리 시대의 정신-기계 머리〉, 1919, 헤어드레서의 모형 머리, 회중시계, 카메라 부속, 줄자, 망원경 손잡이, 가죽 케이스, 숫자 22가 쓰여진 판지 외 금속제, 32.5×21×20cm, 파리 퐁피두 센터

장신구함·인쇄 실린더·담뱃대·자·놋쇠 나사·숫자판 등을 붙였다. 하우스만에 의하면, 우리 시대의 정신은 숫자적 의미만을 지닌다. 그래서 이 정신은 양쪽 관자놀이에 나사를 조이고, 이마에는 줄자 조각을 달고 있다. 이 시대에는 정밀함이 핵심인 것이다.

뉴욕 다다 작가들은 베를린 다다 작가들보다 더 적극적으로 기계를 수용하였다. 그들은 기계와 기계문명에 관련된 상징적 이미지를 가지고 기존 예술이 갖고 있는 편협한 미의식을 조롱하였다. 뉴욕 다다의 전성기는 프랑스에서 넘어온 피카비아 Francis Picabia와 뒤샹의 덕이 크다. 피카비아는 뉴욕을 방문하기 전부터 파리의 여러 아방가르드 그룹들과 관련을 맺고 미학적 전통과 산업문명의 충돌을 예민하게 지켜보며, 그 충돌 가운데 에서 새로운 출구를 발견하려 하였다. 특히 1912년 5월 피카비 아와 뒤샹이 파리 앙투안 극장에서 함께 본 레이몽 루셀의 〈아 프리카의 인상〉 공연은 그들에게 전환점이 되었다. 그들은 이 공연에 등장한 '그림 그리는 기계'와 같은 독특한 기계들, 다양 한 기계인간의 모습에 깊은 인상을 받았고, 그들 자신의 작품 에 이를 나름의 방식으로 응용하였다.

　1913년 뉴욕 아모리쇼에 뒤샹과 함께 유럽미술의 대표자로 참가한 피카비아는 산업화된 뉴욕의 도시문명에 강한 인상을 받았다. 전쟁이 한참이던 1915년 두 번째로 방문한 뉴욕은 피 카비아에게 유럽문화에 대한 이탈이자 기존 질서에 반항할 수 있는 현장으로 느껴졌다. 특히 그는 여기에서 미술의 새로운 소재인 기계에 대한 확신을 얻었다. 피카비아에게 기계는 시대 의 상황과 사상, 그리고 인간의 성격이나 특성까지 나타낼 수 있는 조형적 가능성과 상징적 의미가 탁월한 형태로 보였다.[16] 그는 광고 도안에서 기계를 차용하여 단순화시키거나 다른 것 에 첨가하여 자신만의 기계들을 조합해 냈다. 특히 기계 생산 품과 자동차 엔진 및 여러 기계들의 부품 등에서 기계의 기능

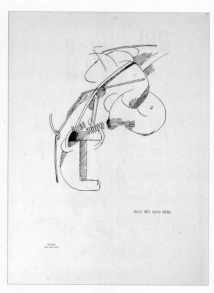

그림 35
프란시스 피카비아, 〈어머니 없이 태
어난 소녀〉, 1915, 종이에 펜과 잉크,
47.4×31.7cm, 뉴욕 메트로폴리탄 미
술관

을 이용하였다.[＊]

피카비아는 1915년 6월 잡지《291》4호에 드로잉 〈어머니 없
이 태어난 소녀〉(그림 35)를 게재하며 기계회화의 시작을 알렸
다. 이 작품의 아랫부분은 막대·스프링·얽힌 철사로 된 기
계 부품처럼 보이며, 윗부분은 유기물의 곡선 형태로 보인다.

＊ 그는 사망하기까지 127대의 자동차를 소유하였다. 그의 자동차 구입과 자동차 경주에 대한
집착은 광적이었고, 자화상에 해당하는 〈성인 중의 성인〉(1915)에서는 본인을 자동차 경적
과 가솔린 엔진통으로 묘사했다.

얼핏 보면 기계 도면이나 설계 드로잉 같기도 하고, 안구·가슴·엉덩이와 같은 신체의 일부처럼 보이기도 한다. 작가의 의도는 제목에서 더욱 확실히 나타난다. "어머니 없이 태어난 소녀"는 라루스Larousse 사전에서 차용·변형한 것으로, 어떤 전형도 갖지 않는다는 의미로 사용한 것이다.* 이는 현실에서 불안정한 요소가 없는 완벽한 기계를 뜻하기도 한다. 당시 기계문명을 누리던 미국의 개방적인 소녀를 가리키는 것일 수도 있다.[17] 이제 예술은 신이 창조한 자연을 모방하는 것이 아니라, 인간이 제작한 기계를 모방 대상으로 삼는다. 기계는 자연에 의존하지 않고, 시각의 영역에서 가져온 것도 아니기 때문에 기존 예술의 재현 범주를 벗어난 것이었다.**

1915년 피카비아는 스티글리츠Alfred Stieglitz의 잡지《291》5·6호에 주변 인물들을 기계 기능으로 풍자한 일련의 '오브제 초상화Portraits-objets'를 게재했다. 예를 들어, 스티글리츠의 초상(그림 36)은 카메라 형상으로 표현했다. 카메라는 사진작가인 스티글리츠의 성격과 특징을 보여 주면서 스티글리츠라는 인간을

---

* 몽테스키외도 인용한 오비디우스의 《변신 이야기》에서 나온 문구인 'Prolem sine matrem creatam'(어미 없이 태어난 자식)에서 '자식'만 '소녀'로 바꾼 것이다. 기계는 프랑스어로 여성형이므로, 기계의 여성적인 특성을 강조했다.
** 〈어머니 없이 태어난 소녀〉의 회화 버전(1916~1917)도 존재한다.

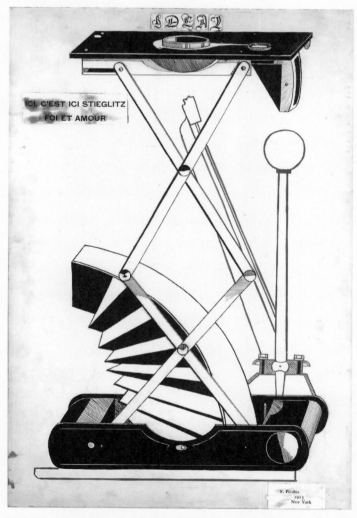

그림 36 프란시스 피카비아, 〈여기에 스티글리츠가 있다〉, 1915, 판지 위에 잉크, 흑연 자르고 붙이고 칠하고 인쇄한 종이들, 75.9×50.8cm, 뉴욕 메트로폴리탄 미술관

대체하는 기계인 것이다. 그런데 이 스티글리츠의 초상화 '얼굴'에는 몇 가지 모순점이 발견된다. 우선 스티글리츠의 미학적 신념이 기계 형상을 취하는 다다 정신과는 다소 거리가 멀다는 점이다. 스티글리츠는 성실·정직·도덕적 순결과 같은 미국적 가치에 대한 믿음이 있었고, 이는 인간 주체를 기계로 묘사하는 피카비아의 표현 기법과는 어울리지 않는다. 이 충돌을 해결하려면 작품을 더 자세히 살펴볼 필요가 있다. 왼쪽 상단부의 "Ici, c'est ici Stieglitz(여기에 스티글리츠가 있다)"라는 문구 아래를 보면 'foi(신념)'과 'amour(사랑)'이라는 단어가 보인다. 이는 스티글리츠가 가진 미국미술에 대한 신념과 사랑을 의미하며, 더 위쪽의 'ideal(이상)'이라는 단어는 스티글리츠의 이상을 뜻한다. 카메라의 늘임자를 길게 늘인 것은 먼 곳에 초점을 맞추고 있다는 뜻이다. 반면 카메라의 주름상자는 휘어져 있어 렌즈 구멍과 연결되지 않은 상태이다. 그러므로 카메라가 원하는 멀리 있는 대상을 찍으려는 '이상'은 실현될 수 없다. 즉, 스티글리츠의 이상은 높았으나 미국의 상업주의적 현실에 초점을 맞추지 못하는 상태를 표현한 것이다. 작품의 오른쪽에 묘사된 자동차 브레이크와 기어가 중립 상태에 위치한 점도 점점 기력을 상실해 가는 지친 일꾼을 상징한다고 볼 수 있다.[18]

피카비아는 이처럼 카메라·피스톤·프로펠러·터빈 등과 같은 변형된 기계장치, 또는 기계제품의 도해를 형상화하는 작업을 지속적으로 선보였다. 대부분의 작품이 문자와 문구가 형상과 함께 통합되는 특징을 보이며, 그만의 기계 양식mechanic style을 만들어 냈다. 주로 기계의 외관을 차용한 동시대 작가들과 달리, 피카비아는 기계의 '기능성'을 파악하여 활용했다는 점 또한 그만의 기계 양식의 특징이다.

이렇게 20세기 초반의 많은 미술가들은 기계미학의 영향 아래 기계를 통해서 질서와 조화를 창출한다는 유토피아적 기획에 참여했다. 그러나 유토피아의 이면에는 기술이 지배하는 비인간적인 사회에 대한 디스토피아도 널리 퍼져 있었다. 기계화를 통한 표준화 과정이 개인의 고유성을 위협하고 소외된 인간 주변에는 인공적인 것들, 즉 기계 부품·표준화된 환경·거대주의·엄청난 소음과 속도만이 남게 될 것이라는 두려움이었다.

미국 태생이지만 영국으로 귀화한 조각가 제이콥 엡스타인 Jacob Epstein의 〈착암기The Rock Drill〉(1913~1914)(그림 37-1)는 이러한 디스토피아적 정서를 잘 반영하고 있다. 삼각 지지대에 지탱하여 에어드릴을 든 인물은 기화기carburetor 같은 흉곽과 가면으로 인해 기계 괴물처럼 보인다.* 양심이나 결과에 대한 고려 없이 자

---

* 엡스타인은 자서전에서, 1913년 기계에 대한 잠깐의 열정으로 착암기를 샀음을 고백했다. 일종의 로봇과 같은 이 기계 위에 올라가서 용접면까지 쓰고 나니 "현재도 미래도 볼 수 없는 슬픈 형상이 되었다"고 쓰고 있다. 인간적인 부분은 하나도 찾을 수 없는 프랑켄슈

그림 37-1 제이콥 엡스타인, 〈착암기〉, 1913~1914, 실제 착암기 위에 석고상, 205×141.5cm
그림 37-2 제이콥 엡스타인, 〈착암기〉, 1913~1914, cast 1962, 브론즈, 71×66cm

신의 계획을 밀고 나가는, 생각할 줄 모르는 괴물로 제1차 세
계대전을 암시하는 것 같기도 하다. 제이콥 엡스타인에게 기계
는 명령대로 수행할 뿐 생각할 줄 모르는 우리 자신이 만들어
낸 끔찍한 괴물이다. 그는 제1차 세계대전 후 초기의 〈착암기〉
에서 드릴 부분을 잘라 내어 사지가 없는 토르소만 전시했는데,
이 형상이 훨씬 더 기괴한 느낌을 자아낸다(그림 37-2).

타인 같은 괴물이 되어 가는 당대의 모습을 꼬집고 있다. Günter Metken, "De l'homme-
machine à la machine-homme", in: *Harald Szeemann et al. Junggesellenmaschinen/Les
Machines célibataires*, pp. 62-63.

그림 38 막스 에른스트, 〈셀레베스〉, 1921, 캔버스에 유채, 125.4×107.9cm, 런던 테이트 모던 갤러리 © ADAGP, Paris and DACS, London 2022

초현실주의 운동에서도 과학기술의 진보를 재앙의 전조로 보는 디스토피아적 경향이 강했다. 초현실주의자들은 기계를 자연과 에로티시즘의 적으로 여겼다. 막스 에른스트Max Ernst나 살바도르 달리Salvador Dali의 작품에서 기계는 거의 인간을 위협하는 존재로 등장한다. 막스 에른스트 작품 〈셀레베스 Celebes〉(1921)(그림 38) 그림 중앙에 서 있는 거대하고 모호한 형상은 코끼리 혹은 보일러를 닮은 것처럼 보인다. 에른스트는 이것이 아프리카 수단의 곡물 저장 공용탱크를 찍은 사진에서 영감을 받은 것이라 밝혔다. 독일어로 된 원제는 〈셀레베스의 코끼리는 끈적끈적 노란 기름을 흘린다〉인데 이 저장 탱크의 구멍에서 구부러진 고무 파이프가 나와 있고, 파이프의 끝부분은 소 머리 같은 조형물로 변화하고 있다. 앞쪽에 팔을 치켜든 여성 마네킹은 머리가 없기 때문에 이미 공격을 당한 것처럼 보이기도 하고, 춤을 추는 것 같기도 하다. 하늘을 나는 물고기, 멀리 검은 연기를 뿜으며 추락하는 비행기 등 이 작품에 등장하는 모든 것이 이곳에 부적절하고 부조화스러운 기계장치처럼 보인다. 현실에 있을 수 없는 왜곡되고 기이한 형태들이 주는 낯섦, 전혀 함께 있을 수 없는 사물들이 한자리에 있음으로 야기되는 불안과 신비는 초현실주의자들이 공통적으로 보여 주는 방식이었다.

콘라드 클라페크Konard Klapheck의 작품에 등장하는 타자기·재봉틀·다리미 등 일상의 오브제들은 오늘날 인간이 처한 운명을 보여 주기 위한 소재이다. 그는 자신의 작품 전체에 '인간 운명의 오브제화objectivation'라는 테마가 관통한다고 밝힌다. 이 오브제화는 주로 기계 사물들, 비인격적이고 정확하고 냉정한 제작을 통해 수행되지만, 그럼에도 이 오브제들은 성性을 가진 오브제이다. 이렇게 의인화된 기계는 인간의 가장 비밀스러운 환상과 생각이 투영되어 남성 기계와 여성 기계로 구분된다. 이는 일찍이 프로이트가 일상의 오브제들에 담긴 성적 상징들을 파헤친 것의 영향이기도 하다. 클라페크가 가장 선호한 기계인 타자기(그림 39)는 그의 대표적인 남성적 기계이다(대표적인 여성적 기계는 재봉틀이다). 타자기는 관료사회의 권위와 권력을 체화시킨 것이다. 그에 따르면 "우리 삶의 가장 중요한 결정들이 이것을 통해 내려졌기 때문이다. 이것은 아버지, 정치인, 예술가의 대체물이 되었다."[19]

그림 39 콘라드 클라페크, 〈권력의지〉, 1959, 캔버스에 유채, 90×100cm, 쾰른 콜룸바 미술관

기계-예술가의 탄생

클라페크의 표현처럼 "기계는 예술가를 대체"한 것일까? 기계에 대한 유토피아적 시각을 가진 자들도, 디스토피아적 시각을 가진 자들도 모두 기계와 인간의 밀접한 결합을 부인할 수 없는 시대가 온 것은 사실이다. 인간의 노동력과 기술력을 기계가 대신하는 부분이 점점 많아지면서 사람들은 '인간만의 능력'이라고 여겨 온 '창조'의 영역에도 기계가 침범하게 될 것인지 고민하기 시작했다.

예술의 영역에 들어온 기계는 앞서 살펴본 기계 형상 외에도 다양한 모습으로 확인된다. 20세기 초 아방가르드 예술가들은 흠 없이 매끈한 외관을 가진 예술을 추구하며, 그들의 작품이 산업적으로 제조된 상품처럼 보이길 원했다. 1960년대 미니멀 아트Minimal art 작가들은 작품의 형태를 산업적으로 공정된 것처럼 디자인하고, 작품 제작을 아예 공업사에 의뢰하기도 했다. 팝아트의 앤디 워홀Andy Warhol은 자신의 아틀리에를 '공장factory'이라 명명했고, 여러 사람이 작품을 연속적으로 찍어 내는 것을 예술적 전략으로 삼았다. 여기서 한 걸음 더 나아간 예술가들도 있었다. 그들은 작품의 외관이 단지 기계로 제조된 것처럼 보이기를 원하는 데에 그치지 않고, 예술 작품이 실제로 예술가의 손이 아닌 기계의 팔로 생산되기를 원했다.

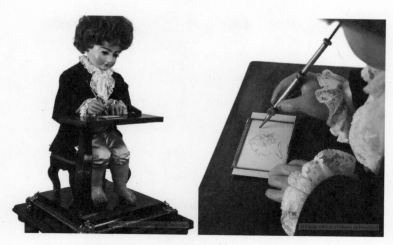

그림 40 피에르 자케 드로, 〈그림 그리는 인형〉, 1772~1774

　　기계의 팔로 예술을 생산한 예는 18세기 자동인형automata으로까지 거슬러 올라간다. 피에르 자케 드로Pierre Jacquet Droz와 그의 아들들이 1768년부터 1774년 사이에 만든 세 개의 자동인형은 인간의 동작과 모습을 섬세하게 재현해 냈다. 이 중 소년의 모습을 한 〈그림 그리는 인형〉(그림 40)은 손에 쥔 연필의 완급을 조절해 선에 강약을 주어 가며 그림을 그릴 수 있고, 연필 가루를 털어 내듯 입김을 훅 불기도 한다. 그러나 이 자동인형들은 기계의 모습을 최대한 감추고 인간의 외관으로 등장한 것이었다. 이후 나타나는 '예술을 생산하는 기계'는 기계적 특성을 굳

이 감추지 않는다. 기계가 예술을 생산한다는 것을 자랑스럽게 드러내는 것이다.

산업화 시대 이후 출현한 '예술을 생산하는 기계'는 크게 세 국면으로 나누어 서술할 수 있다. '예술을 생산하는 기계'의 첫 번째 국면은 문학적 상상력의 산물이다. 문학작품 속에서 유토피아를 구축하는 요소들 중 하나로 등장한 것이다. 가장 잘 알려진 예는 알프레드 자리와 레이몽 루셀의 저술에서 나타났다. 우리가 2장 '문학×독신자기계'의 말미에서 잠깐 살펴보았던 기계들이다. 다시 언급하자면, 자리의 소설《파타피지크 학자 포스트롤 박사의 행적과 사상: 신과학소설》(1911)에는 화폭에 원색을 뿌리는 기계가 등장하며, 루셀의 소설《아프리카의 인상》(1909)에는 10개의 붓이 달린 기계 팔이 그림을 그리는 장면에 대한 묘사가 나온다.[20] 그보다 앞서 살펴본 루셀의 또 다른 소설《로쿠스 솔루스》(1914)에 등장하는 인간 이빨로 모자이크를 만드는 특이한 기계, 달구도 일종의 '예술을 생산하는 기계'이다.[21] 자리와 루셀의 소설에 나타난 예술을 생산하는 기계는 모두 작품을 고안하는design 행위를 수행한다. 전통적으로 특별한 지적 · 정서적 능력이 있는 예술가 개인에게 부여되었던 행위가 기계에게 위임된 것이다. 그러나 정확히 말하자면, 이들 기계의 작업은 단지 설정된 작업을 '기계적으로' 수행하는 단계에 머물렀을 뿐이다.*

두 번째 국면은 양차 대전 사이, 우리가 바로 앞 절에서 살펴 본 기계미학에 경도된 많은 예술가들의 작품에서 나타난다. 그들은 1920년《제1회 국제 다다 아트페어》에서 전통 회화와 조각에 작별을 고하며 "예술은 죽었다. 타틀린의 새로운 기계예술이여 영

그림 41 베를린 다다 전시에서 슬로건을 들고 있는 그로츠와 하트필트, 1920

원하라!"라는 슬로건을 내걸었다(그림 41). 게오르크 그로츠George Grosz · 라울 하우스만 · 존 하트필드John Heartfield · 페르낭 레제 · 라즐로 모홀리 나기Laszlo Moholy-Nagy 등은 전 세계 미술관보다 기계가 그들에게 더 많은 것을 알려 주었다고 단언하며, 그들의

---

* 기계적으로 예술을 생산하는 방식은 글쓰기에도 적용된다. 루셀은《나는 내 책들을 어떻게 썼는가》(1935)에서 자신의 글쓰기 방식을 설명하는데, 이에 따르면, 그는 랜덤으로 동음이의어들을 찾고, 그에 따라 한 장면에 등장할 단어들의 기본 목록을 구성하는 방식으로 소설을 '기계적으로 창조'한다. 예를 들자면,《아프리카의 인상Impressions d'Afrique》(1909)이란 제목도 "Impression à fric"(자비 출간)이라는 표현의 동음이의어에서 비롯되었다.

창작 행위의 상당 부분을 기계적 테크닉이나 랜덤 프로세스에 위임했다. 이들은 익명의 기계가 가진 완벽성으로 무장하여 예술, 예술성, 예술 작품이라는 전통적 관념에 의문을 제기하고 이를 넘어서고자 했다.

이들의 주장에 따르면, '유일무이한 개인으로서 예술가', '예술가의 개성이 드러나는 반복 불가능한 표현으로서 예술 작품'과 같은 생각은 인간중심주의적 사고방식에서 비롯된 것이며, 이것은 여러 가지 이유에서 시대에 뒤처진 것이다.* 대량생산으로 찍어 내는 산업 생산품들 사이에서 기존 방식의 예술 작품은 아우라로 채워진다 하더라도 희망 없는 구식처럼 보였다. 이들 중 예술가와 예술 작품의 전통적 범주에 대해 누구보다도 많은 질문을 던지고 광범위한 영역에서 작업한 사람은 마르셀 뒤샹일 것이다. 뒤샹은 기계미학의 정확성에 대한 탐구를 작업의 중요 수단으로 삼았다. 그는 예술 작품이 한 개인 정신의 고군분투의 결과라는 고루한 생각을 반박하고자 기계를 사용했다.

---

* 그 이유는 다음과 같다. 첫째, 지그문트 프로이트와 같은 20세기 초 사상가들에 의해 인간중심주의적 사고방식에 대한 의문이 생겨났다. 둘째, 산업화 과정에서 나타난 개개인의 교환가능성은 주관성이라는 생각을 쓸모없는 것으로 만들었다. 셋째, 많은 이론가 및 예술가들이 기계화의 결과로 사회의 민주화가 등장하기를 희망했다. Katharina Dohm · Heinz Stahlhut, "Art Machines Machine Art–The Spirit in the Machine", in: *Kunstmaschinen Maschinenkunst/Art Machines Machine Art*, exhibition catalog, Heidelberg: Kehrer, 2007, p. 19.

기계예술의 세 번째 국면은 제2차 세계대전 이후에 나타난다. 전쟁 이후 예술가들은 이전 세대 예술가들의 기계 표현을 더욱 적극적으로 밀고 나가 기계와 산업 생산품의 구조적 특징을 작품에 직접적으로 드러냈다. 1967년 예술가 로버트 라우센버그Robert Rausenberg와 공학자 빌리 클뤼버Billy Klüver가 주축이 되어 'E.A.T Experiments in Art and Technology'라는 프로그램 약어 같은 이니셜을 가진 단체가 만들어졌다. 이들은 예술과 삶의 경계를 무너뜨리자는 구호 아래 신기술을 예술에 사용하였다. 또한, 주세페 피노 갈리지오Giuseppe Pinot-Gallizio는 1955년부터 도색장치와 스프레이건으로 그림을 제작하는 컨베이어 벨트식 조립라인을 실험실에 설치하고 동료들과 함께 다양한 재료와 방식을 실험했다. 그는 1959년 갤러리 르네 드루앙Gallery René Drouin에서 이러한 방식으로 제작된 〈산업회화Pittura industriale〉(1959)(그림 42)를 145미터나 뽑아

그림 42 주세페 피노, 갈리지오, 〈산업 회화〉, 1959 ⓒ Giuseppe Pinot-Gallizio

선보였다. 그는 이 작품을 마치 천 상품을 팔 듯 미터당 끊어서 판매하려 했다. 이렇듯 기계적으로 또는 기계가 제작하는 방식에서 예술가 개인의 스타일은 제거된다. 전시와 판매 방식 또한 기존 예술에서는 상상할 수 없는 방식이었다.[22]

여기에서 한 단계 더 나아가 기계가 예술을 생산하고, 그 기계 자체가 예술 작품이 되는 경우가 등장하는데 이는 매우 특별하다. 여기에서 비로소 '예술가-기계-예술가'의 원이 완성되기 때문이다. 이 원의 첫 번째 항에 해당하는 예술가는 두 가지 의미에서 예술가이다. 그는 예술을 생산하는 기계를 '디자인'한 예술가이자, 그 자체로 조각 작품으로 인식되는 '예술' 작품을 고안한 예술가인 것이다. 예술을 생산하는 기계를 1차 예술, 예술 작품으로서의 기계를 2차 예술이라 한다면, 이 1차 예술과 2차 예술 사이를 완벽하게 연결시킨 사람은 장 팅겔리Jean Tinguely이다.[23]

1950년대 팅겔리는 평면 회화 작업을 했다. 그는 추상 작가들이 사용하는 자족적인 조형언어에 의구심과 회의를 품기 시작했고, 키네틱kinetic 조각으로 이를 극복하고자 하였다. 〈메타-말레비치Méta-Malevich〉(1954)와 같은 작품에서 그는 말레비치의 형이상학적 도상들을 모터로 움직이는 실험을 시도했다. 이러한 시도는 점점 발전해 작품에 단순히 시각적인 움직임을 주는 정도가 아니라 아예 움직임을 만들어 내는 기계 자체를 만들기

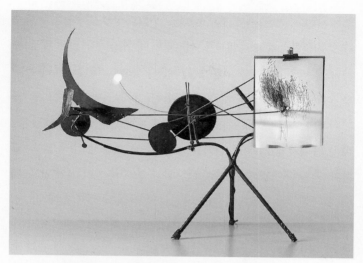

그림 43 장 팅겔리, 〈메타-마틱 no. 10〉, 1959, 철제 삼각대, 나무 바퀴, 판금, 고무 벨트, 금속 막대, 전기모터, 104×129×55cm, 바젤 팅겔리 미술관

에 이른다. 1959년 팅겔리는 전기모터로 전원을 공급받는 드로잉 기계를 선보인다. 레이몽 루셀이《아프리카의 인상》(1909)에서 묘사했던 그림 그리는 기계가 정확히 반세기 만에 실제로 구현된 것이다. 〈메타-마틱Méta-Matic〉(그림 43)이라는 '기계를 초월한다'는 의미를 부여받은 이 연작은 관람객의 참여도 창작 과정에 포함시킨다. 관객이 드로잉 재료를 선택하고, 기계에 종이를 장착한 후 동전을 넣어 기계를 작동시키기 때문이다. 기계는 거의 발작적으로 앞뒤로 움직이며 낙서를 휘갈기는 방식

으로 추상회화를 빠른 속도로 완성시킨다. 파리 이리스 클레르 갤러리Iris Clert gallery에서 3주간 열린 팅겔리의 개인전 기간 동안 〈메타-마틱〉기계들은 무려 4만여 장의 그림을 생산해 냈다. 이는 어떤 에너지 넘치는 예술가도 이를 수 없는 속도와 물량이었다.[24] 이 그림들은 팅겔리의 손을 거친 산물이 아니라, 관객이 시작과 끝을 정하고 색과 재료를 선택한 것들이었다. 기계가 강한 스트로크를 찍어 댈 때 예술가 팅겔리가 개입할 여지는 없다. 팅겔리는 예술을 산출하는 기계를 제작했지만,〈메타-마틱〉의 산물들, 이 기계가 산출하는 예술의 저자는 더 이상 팅겔리라 할 수 없다.

이 드로잉 기계들은 다양한 재료로 구성되었다. 주로 산업 제품의 파편들, 일상의 오브제들, 금속조각이 대부분이었다. 이러한 재료의 성격, 그리고 마치 '홈메이드'처럼 보이는 외관 때문에 이 기계는 산업용 기계들과 비교할 때 쓸모없는 것처럼 보였다. 이렇게 조악한 물성materiality을 가진 기계가 '예술'을 생산하다니! 바로 이 모순된 감정이 팅겔리가 의도한 바일 것이다. 당시 대부분의 사람들은 발전하는 과학기술에 전폭적인 믿음을 보냈다. 그들과 달리, 팅겔리는 오히려 산업사회가 낳은 제품들의 파편이나 고철·폐품과 같이 쓸모없어 버려진 것들을 다시 조립하여 생산의 기능을 다시 불어넣는 방식으로 기계 문명에 대한 비판적 시각을 보여 주었다.

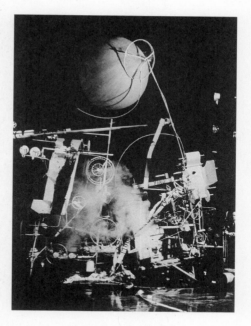

그림 44
장 팅겔리, 〈뉴욕에 대한 경의〉,
혼합매체, 1960

1960년 3월 18일, 뉴욕 현대미술관 조각공원에 팅겔리의 〈뉴욕
에 대한 경의〉(1960)가 모습을 드러냈다(그림 44). 크고 작은 자전거
바퀴 10여 개와 피아노와 욕조, 온갖 금속 부품이 모터와 함께
얼기설기 연결되어 있는 거대한 구조물이었다. 이 구조물은 요
란한 소리를 내며 30분간 작동하다가 갑자기 불을 뿜으며 폭발
을 일으켰다. 이 폭발의 잔해물들은 처음 그들이 수집되었던 곳,
고철 처리장으로 다시 돌아갔다. 팅겔리의 이러한 해학 · 풍자 ·

즉흥적 표현 등은 무엇보다 다다의 전통을 이어받았다 할 수 있다. 그래서 팅겔리의 기계를 '반反기계anti-machine'라고 규정하는 사람도 있다.[25] 다다의 반反미술처럼 말이다. 팅겔리 본인도 이 기계가 "같은 것을 두 번 만들어 내지 않기 때문에 반기계적 기계이자, 모든 사람이, 심지어는 기계들까지도 추상화를 만들 수 있다는 것을 보여 주는 반추상적 기계"라고 했다.[26]

〈메타-마틱〉은 1950년대 추상예술계에 대한 비판적 시각을 보여 주는 것이기도 하다. 이 기계가 만들어 낸 작품들은 당시 유행한 타시즘tachism 작가들의 작품과 그 스타일이 유사했다. 타시즘은 예술가의 직접적 행위가 작품이 되는 행위적 추상gestural abstraction을 선보이는 경향인데, 〈메타-마틱〉은 이를 기계의 자동반복적인 움직임으로 산출해 내는 것이다.* 이제 창작자로서 예술가의 역할은 기계에 넘어갔고, ('예술가-기계-예술가'의 원에서 두 번째와 세 번째 항에 해당하는) '기계-예술가'란 표현이 완성되었다. '기계-예술가'가 만들어 내는 작품들은 그동안 신성시되어 온 '예술 창작'에 대한 도전장이나 다름없었다. 또한, 이 작품들은 관객의 인터랙션까지 창작 행위에 포함시켜

---

* 실제 〈메타-마틱〉 작품을 본 조르주 마티외Georges Mathieu나 한스 아르퉁Hans Hartung 같은 타시즘 작가들은 불편함을 드러냈다.

예술 작품을 더 이상 자기충족적인self-contained 전체로 간주할 수 없음을 의미했다.

틴겔리의 〈메타-마틱〉은 스케치하고 그림 그리는 역할을 천재 예술가가 아닌 기계에 위임하고, 무계획적이고 의미 없고 정신이 깃들지 않은 행위를 통해서도 당대 예술가들의 것

그림 45 〈메타-마틱 no.17(위대한 샤를)〉와 함께 있는 장 틴겔리, 1959, 파리, Photo by J.R. van Rolleghem

들과 유사한 구조의 작품을 만들 수 있음을 보여 주었다. 〈메타-마틱 n.17〉(1959)는 5~6천 명의 관객 앞에서 3,800킬로미터의 회화를 생산해 냈다(그림 45). 〈메타-마틱 n.17〉은 왕의 이름을 참조한 '위대한 샤를Le grand Charles'이라 불리며 회화의 진정한 종언을 고하는 듯했다.[27] 그러나 틴겔리는 자신이 파괴한 천재 예술가의 자리에 기계를 새로운 신으로 세우길 원하지는 않은 것 같다. 그는 이후 작업에서 자신의 기계가 생산한 것들을 다시 잘게 자르는 기계, 스스로를 파괴하는 기계를 만들었다. 그리고 이 기계들에 특허출원을 신청하고, 기계들이 미술관, 특히 자신

이 설립한 바젤의 팅겔리 미술관에 보관되도록 신경 쓴 것을 보면 창조적 원저자의 지위를 완전히 부정했다고 보기는 어렵다.[28]

팅겔리의 '그림 그리는 기계'라는 아이디어는 그로부터 30여 년 후 두 여성 미술가 로즈마리 트로켈Rosemarie Trockel과 레베카 호른Rebecca Horn에게 계승된다. 그러나 두 사람의 기계는 서로 전혀 다른 방향으로 발전한 것을 확인할 수 있다. 트로켈의 기계는 팅겔리의 기계에 대한 태도를 이어받아 비판적이고 반어적인 방식으로 작동한다면, 호른의 기계는 팅겔리 기계 작품의 표현적 특성을 이어받았다.

1990년 트로켈이 만든 '그림 그리는 기계'(그림 46)는 거칠게 움직였던 팅겔리의 것보다 훨씬 차분하고 조용히 움직인다. 강철 롤러가 장착된 샤프트에는 8개의 붓이 7줄로 부착되어 있고, 전기모터로 구동되는 릴에 끼워진 종이 위로 이 붓들이 자국을 내는 방식으로 작동하여 총 7점의 작품을 생산하였다. 무엇보다 이 작업의 핵심은 주문 제작된 붓에 있었다. 각각의 붓은 당시 이름 있는 미술가들이었던 게오르크 바젤리츠Georg Baselitz · 지그마르 폴케Sigmar Polke · 바바라 크루거Barbara Kruger 등의 머리카락으로 만들어졌다. 트로켈은 이 붓들이 남긴 각각의 선에 미술가들의 이름을 적었다. 우리는 흔히 예술 작품에는 예술가의 개성이 드러나며, 화법에는 예술가의 주관성이 반영된다고 여기는데, 이 작품은 이러한 생각을 반어적으로 비판한 것이

그림 46 로즈마리 트로켈, 〈무제(페인팅 기계)〉, 1990, 기계: 철, 파티클 보드, 펠트, 브러시 등, 257×76×115cm, 드로잉: 56번의 붓질, 1990, 캔버스 위 일본 종이에 잉크, 각 139.5× 69.5cm

다. 부드럽거나 뻣뻣하고, 곱슬머리거나 금발이거나 브러시의 차이에 따라 분명 선 모양의 차이는 드러나지만, 이것이 그 미술가의 화법이라든가 주관적인 어떤 것을 드러낸다고 보기는 어렵기 때문이다. 예술가의 '몸'의 일부분으로 그려졌음에도 작품은 예술가의 '산물'이 아니다.

호른의 '그림 그리는 기계'도 거의 같은 시기에 제작되었다. 그러나 호른의 기계는 선행 작가들의 '그림 그리는 기계'에 비하면 살아 있는 생명체처럼 보인다. 호른은 기계를 생기가 있는 살아 있는 유기체처럼 여겼고, 그래서 기계장치에 부착된 깃털의 움직임으로 새의 경련과 같은 움직임을 만들고자 했다. 호른에게 기계는 자신의 삶을 살며 의사소통을 하고, 때로는 글을 쓰고 그림을 그릴 수 있는 것이었다. 무엇보다도 기계가 히스테리 · 우울 · 에로틱과 같은 심리적 행위를 표현할 수 있다고 보았다.*

1988년 호른이 선보인 그림 그리는 기계 〈프러시안 독신녀 기계〉(그림 47)는 종이에 그리는 형식이 아니라, 격렬하고 율동적으로 움직이는 기계 팔에 달린 붓이 벽과 천장에 프러시안

---

* 레베카 호른은 〈유니콘〉(1971) · 〈손가락 장갑〉(1972) · 〈연필 마스크〉(1972) 등 초기 퍼포먼스에서부터 특정 도구를 사용해 자신의 신체를 연장시키거나 제한시켜 그 이질적 형상과 행위에서 드러나는 심리와 감성을 전달하고자 했다.

그림 47 레베카 호른, 〈프러시안 독신녀기계〉, 1988, 프러시안블루 물감, 신부 구두, 철 구조물,
붓, 모터, 350×120×59cm

블루 물감을 흩뿌리는 방식으로 작동한다. 이로 인해 벽에는 일정한 형상과 아래로 흘러내리는 물감 줄기가 생겨난다. 아래쪽에 설치된 신부의 구두들도 기계의 회전으로 흩뿌려진 물감 자국들을 받는다. 이 작품에서 '그림을 그린다는 것'은 어떤 목적이 정해진 행위라기보다 경련하고 분출하는 기계의 살아 있는 과정 그 자체를 보여 주는 것 같다. 흥미로운 것은 이 그림 그리는 기계의 제목이다. 호른은 〈독신녀기계〉란 제목으로 마르셀 뒤샹의 독신자기계에 대한 경의를 분명하게 표하고 있다. 조금 더 상상력을 발휘해 보면, 이 작품은 뒤샹의 독신자기계의 도치라 할 수 있다. 〈큰 유리〉에서 신부가 위쪽 영역, 독신남들이 아래 영역을 차지했던 것과는 정반대로 자리잡고 있기 때문이다. 〈독신녀기계〉의 아래쪽 구두들은 잠재적인 페티시(여성 신체를 대신하는 오브제)의 대상이 될 수 있는데, 특히 신부의 구두이기 때문에 순결과 더럽혀짐 사이의 긴장에 놓여 있다. 그러나 순백의 신부에 대한 사람들의 환상은 가볍게 무너진다. 구두들은 순식간에 위쪽의 인공 기계가 사정하듯 뿌리는 프러시안 블루에 물든다.

1991년 선보인 〈연인들〉(그림 48)은 더 성적인 면모를 가진 기계이다. 두 개의 유리 깔때기에 담긴 잉크와 샴페인이 모터의 작동으로 흩뿌리는 기계에 유입되어 벽에 뿌려진다. 마치 연인들이 샴페인과 잉크에 몸을 담그는 준비 과정을 거쳐, 그림 그

그림 48 레베카 호른, 〈연인들〉, 1991, 갤러리 드 프랑스 설치 정경, 파리, 2003. Courtesy and ©
the artist; and ProLitteris, Zürich

리는 기계의 내부에서 결합하고, 점점 상승하는 애정 행위 속
에서 춤을 추듯 액체가 산출된다. 산출하는 동작 때문에 피나
정액이 연상되지만, 그것이 어떤 형상을 그리는지는 그다지 중
요하지 않다. 율동적이면서도 성적인 움직임, 펌프의 왕복운동
과 사출 운동, 회전운동의 연결이 이 기계의 목적행위인 듯 하
고, 그림은 그 행위의 부수적 효과로 나타날 뿐이다.[◆]

◆ 레베카 호른이 2014년 하버드 대학뮤지엄에서 선보인 〈검은 비 회화 아래 날아가는 책들

한편 호른의 그림 그리는 기계들은 일회적이다. 작가가 기계적 메커니즘을 계산하고 대략의 형상을 예상하기는 하지만, 기계의 작동 과정에서 우연적 형상이 발생하거나 예상과 전혀 다른 결과물이 나타날 여지는 늘 존재한다. 즉, 이러한 그림 그리는 기계들에서 기계는 아방가르드 예술가들이 찬양하고 기대했던 정확성·균질성·완벽성의 특징보다 오히려 우연과 생성을 인정하는 생명의 특성을 갖는 것이다.

이는 질 들뢰즈가 설명한 기계론적인 것la mécanique과 구별되는 기계la machine의 특성과도 같다. 들뢰즈에게 기계론적인 것은 한 치의 오차도 허용하지 않는 엄밀한 체계에서 움직이지만, 기계는 이질적인 것들과 섞여 언제든지 변형될 수 있는 잠정적이고 우연적인 배치 상태에 있는 것이다.[29] 이러한 의미에서 본다면, 우리가 살펴 본 '그림 그리는 기계'는 작동 메커니즘에만 의존하여 똑같은 생산품들을 뽑아내는 장치가 아니라, 창의적 생성이 가능한 잠재적 다양성을 지닌 기계라 할 수 있다.

Flying Books Under Black Rain Painting)도 유사한 기계식 생산방식과 최종 작품을 보여 준다.

AI예술이 던지는 질문

이러한 '그림 그리는 기계'는 그 이후 더욱 다양한 양상으로 발전했다. 회화나 드로잉, 조각과 같은 전통 장르에서만 예술가의 역할이 기계에게 위임된 것도 아니다. 오히려 퍼포먼스나 미디어아트와 같은 확장된 장르에서는 더 자유로운 기계의 사용이 나타났다. 오늘날 디지털아트, 넷아트, 로보틱아트 등에서 작품은 완결된 상태로 제시되기보다 자율적으로 움직이고, 끊임없이 확장하는 형식을 취하는 경우가 대부분이다.

오늘날 인공지능 기술을 비롯한 기계와의 공존을 부인할 수 없는 시대를 살아가면서 기계-예술가의 양상은 또 다른 의미에서 새로운 국면을 맞이하고 있다. 인공지능 예술가가 여러 모습으로 출현하고 있는 것이다. 구글이 탄생시킨 '딥드림Deep Dream'은 딥러닝deep learning 기술*을 시각이미지에 적용한 것으로, 누구나 사이트(www.deepdreamgenerator.com)에 접속하면 쉽게 경험할 수 있다(그림 49). 사용자가 하나의 이미지를 업로드하면 인공지능은 기존의 학습 데이터를 참고해 이미지를 조작·왜곡하여 새

---

* 딥러닝. 심층학습은 여러 비선형 변환 기법을 조합하여 높은 수준의 추상화abstractions(많은 데이터나 복잡한 자료들에서 핵심 내용 또는 기능을 요약하는 작업)를 시도하는 기계학습machine learning 알고리즘 집합이다.

그림 49 '딥드림'이 특정 회화 스타일을 적용한 경우

로운 이미지를 만들어 낸다. 예를 들어 내가 찍은 우리 동네 풍경 사진을 업로드하고 고흐 스타일을 지정하면 아주 **빠른** 시간에 고흐 스타일의 우리 동네 풍경 이미지를 보여 주는 것이다.

네덜란드 광고회사 제이월터톰슨J.Walter Thompson이 기획하고, 금융기업 ING와 마이크로소프트MS 후원으로 진행된 '넥스트 렘브란트The Next Rembrandt' 프로젝트도 빅데이터와 딥러닝 기술의 산물이다. 이들은 인공지능에게 17세기 화가 렘브란트 반 레인의 작품 346점의 구도, 화풍, 기법, 질감, 선호도를 18개월간 완벽하게 습득시켰다. 그리고 "수염이 있고 검은 옷을 입은 30대 백인 남성을 그리라"는 명령을 내리자, 인공지능은 500시간

만에 초상화를 완성시켰
다. 이 작품은 "350년 전
죽은 화가의 부활"이라
할 만큼 렘브란트 전성기
시절의 특성을 모두 담고
있었다(그림 50).

그림 50 '넥스트 렘브란트'가 그린 초상화, 2016

그렇더라도 이 두 프로
젝트의 산물은 기존 예술
가 스타일의 모방 내지는
재현에 머물렀으므로, 기
술이 다다를 수 없는 인간
의 창의적인 능력에 대한 희망을 유지할 수 있었다. 기술이 아
무리 발전해도 기계가 인간의 창의성에는 미치지 못할 것이라
예상하는 것이다. 그러나 최근 마리오 클링게만Mario Klingemann
처럼 생성적 적대신경망GAN(Generative Adversarial Network) 알고리즘
을 활용한 경우는 사정이 조금 다르다. 생성적 적대신경망은
두 개의 신경망이 상호경쟁을 거쳐 인간의 개입 없이 성능을
진화시켜 나간다. 여기서 두 개의 신경망은 생성자generator와 구
분자discriminator이다. 생성자가 모방하는 이미지를 만들어 내면
이것이 정확한지 구분자가 판별하고, 이를 반복하면서 정확도
가 높은 모방을 하게 되는 원리다. 클링게만의 〈행인의 기억 I〉

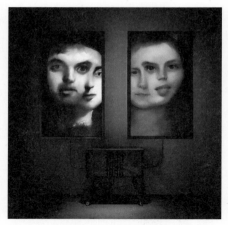

그림 51 마리오 클링게만, 〈행인의 기억 I〉, 2018, GANs, 두 개의 4k 스크린, AI 브레인과 추가 하드웨어를 감춘 수제 밤나무 콘솔

(2018)(그림 51)은 콘솔 안에 감춰진 인공지능이 17~19세기 유럽 미술작품들을 GAN 기술로 학습하면서 두 개의 스크린으로 남자의 초상화와 여자의 초상화를 끊임없이 출력해 낸다. 스크린에 나타나는 흐릿한 얼굴들은 일그러지고 균형이 맞지 않거나 한 번에 두 개의 얼굴이 출현하기도 하는 등, 보는 이에게 언캐니uncanny한 경험을 준다. 이것은 정확히 누구의 초상화라 말할 수 없다. 그러나 우리가 하루에도 수없이 마주치고 금세 잊어버리는 지나가는 사람들의 얼굴과 닮아 있다.

GAN에서 한 단계 더 나아간 창조적 적대신경망CAN(Creative Adversarial Network) 기술은 미국의 러트거스대학의 아트&인공지능 연구소Art&Intelligence Lab와 페이스북Facebook AI리서치 팀이 개발한 알고리즘이다. 기존 GAN은 가장 유사한 이미지를 그려 내지만, CAN은 스스로 작품에 대한 평가를 통해 "예술의 범위에 속하면서 기존 스타일에서 최대한 멀리 떨어진 작품을 창조하도록" 설계되었다. 그래서 CAN이 산출한 작품들(그림 52)은 기존의 화풍에 속하지 않는 독창적 이미지들을 우리 앞에 내놓는

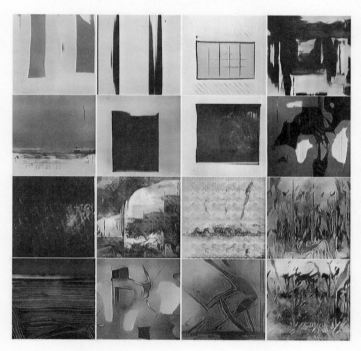

그림 52 CAN이 창작한 그림들

다. 이 그림들을 본 사람들의 53퍼센트 정도가 사람이 그린 그림이라고 판단했다고 한다.

이러한 기술과 기계의 '창의적' 산물들 앞에서 우리는 질문하게 된다. 머지 않은 미래에 AI 예술가는 인간-예술가의 자리를 대체하게 될까? 기계는 인간-예술가처럼 스스로 자율적 · 창의적일 수 있을까? 기계가 스스로 미적 판단을 내릴 수 있을까?

이것은 예술의 '저자author' 개념과 맞닿아 있는 질문들이다. 예술적 생산의 임무가 기계에게 할당되면서 저자 개념은 전환점을 맞았다. 예술가가 붓이나 해머를 사용했을 때 우리는 예술가의 몸이나 뇌가 도구를 컨트롤한다고 명백하게 말할 수 있기 때문에 창작자 저자는 예술가에 한정되었다. 그러나 예술가가 예견할 수 없는 상황조차 대응할 수 있는 지능을 가진 기계를 사용하면 상황은 달라진다.

예술가와 그에 못지않은 기계의 결합을 '하이브리드 저자' 개념으로 설명하는 이도 있다. 러시아 미디어 아티스트이자 이론가인 레브 마노비치Lev Manovich는 미디어 문화로부터 비롯되는 새로운 저자 형식에 주목한다. 특히 인공지능의 사용과 관련하여 그는 "저자와 소프트웨어 간의 협업"을 말한다.[30] 예술가가 어떤 지시를 제공하고 규칙을 만들지만, 규칙과 소프트웨어 사이의 인터랙션에서 발생하는 것들에 대해서는 작품의 세부적인 부분까지 전부 통제하지 않는다고 보는 것이다. 이러한 창작 과정에서 저자의 어떤 아이디어는 실현될 수 있지만, 어떤 것은 실현되지 않기도 한다. 소프트웨어가 저자의 아이디어 실현을 방해하는 경우도 생긴다. 인간이 소프트웨어에 의존하면 할수록, 컴퓨터 툴을 사용해 작업하는 비중이 높을수록 하이브리드 저자의 지분에 소프트웨어 개발업자의 몫도 생겨난다.

게다가 오늘날 인터넷의 발달은 저자의 문제를 더욱 심화시키고 있다. 이미지와 사운드에 쉽게 접근할 수 있다는 것은 차용appropriation과 샘플링을 자유롭게 했고, 저작권 위반 문제가 급증했다. 실제 사례를 들어 보자. 프랑스 예술가 그룹 콜렉티브 오비어스Collective Obvious가 AI 기술을 사용해 만든 〈에드먼드 벨아미 초상Portrait of Edmond Belamy〉(그림 53)은 2018년 경매에서 43만 2,500달러에 팔리며 주목을 받았다. 이와 함께 저작권 문제도 불거졌다. 초상화의 하단부, 작가의 서명 자리에 적힌 알고리즘 코드는 로비 바랏Robbie Barrat이라는 당시 19세였던 AI 기술자가 만들어 인터넷 상에 공유한 오픈소스

그림 53　콜렉티브 오비어스, 〈에드먼드 벨아미 초상〉, 2018, GANs, 캔버스에 잉크젯 프린트, 70×70cm

였다. 그렇다면 〈벨아미 초상〉의 창작자는 알고리즘 또는 과학 기술 아닌가? 적어도 작품의 완성에 콜렉티브 오비어스보다 알고리즘 개발자 로비 바랏의 역할이 더 크다고 할 수 있는데, 작품에서 얻은 이익은 왜 예술가가 차지하는가? 아니면 실제 작품을 만들어 낸 AI를 예술가로 인정해야 하는가? 만약 AI를 미적 주체로 인정한다면, 우리는 AI의 자율적 판단, 가치판단이 가능하다고 보는 것 아닌가?

결국 저작권 문제와 같은 이슈들은 AI 윤리 논의와 만나게 된다. 미적 주체와 윤리적 주체로서 인간과 기계의 문제에 직면해 우리는 미셸 푸코Michel Foucault의 주장을 떠올려 볼 수 있다. 푸코는 실제 우리의 삶에서 윤리적 주체가 된다는 것은 순간순간 어떤 행위를 선택해 가며 자신의 삶을 만들어 간다는 뜻이라고 말한다. 그러한 의미에서 윤리적 주체와 미적 주체는 다르지 않다. 자신의 삶을 '작품ergon'처럼 여기고, 스스로 깎고 다듬으며 '제작poiesis'해 나갈 때 윤리적이면서도 미적인 '주체'가 되는 것이다. 푸코는 삶이라는 작품에 미적 판단을 부여하고 다듬어 가는 태도를 '실존의 미학', '실존의 기술(테크네technē)'라고 부른다.[31]

과연 우리는 AI에게 이러한 실존의 기술을 기대할 수 있을까? AI는 자기 자신을 윤리적으로 미적으로 제작해 가는 과정을 능동적으로 실현하는 주체가 될 수 있을까? 만약 우리가 AI

에 이른바 아시모프의 로봇 3원칙,* 아니 이보다 더 복잡한 윤리강령과 도덕엔진을 탑재하는 것이 가능하고, AI가 이러한 규칙에 따라서 매번 윤리적으로 행동할 수 있다고 할지라도, 이 인공적 도덕행위자AMA(Artificial moral agent)에게 곧바로 도덕적 책임이나 법적 책임을 물을 수 있는가? 책임은 자유로운 선택에서, 즉 자발적인 자유의지의 결과임이 증명되어야 한다. 인공지능의 도덕적 미적 판단이 과연 자유의지에서 나온 것이라고 할 수 있을까?**

　이런 의미에서 인공지능을 미적 윤리적 행위자로 고려하는 것은 어쩌면 인간에 대한 새로운 이해를 추구하는 과정일 수 있다. 인공적 도덕 행위자를 미적 윤리적 주체로까지 인정할

---

* 1942년 아이작 아시모프Isaac Asimov는 공상과학소설 《런어라운드》에서 로봇이 따라야 할 세 가지 원칙을 말한다. 첫째, 로봇은 인간에게 해를 가하거나 혹은 행동을 하지 않음으로써 인간에게 해를 끼치지 않는다. 둘째, 로봇은 제1원칙에 위배되지 않는 한 인간이 내리는 명령에 복종해야 한다. 셋째, 로봇은 제1원칙과 제2원칙을 위배하지 않는 선에서 로봇 자신의 존재를 보호해야 한다.

** 김재인 연구자는 인공지능은 작품에 대한 가치평가나 판단을 내리지 못하므로 오히려 인간의 안목이 중요해질 것이라 진단한다. 김재인, 〈인공지능은 예술 작품을 창작할 수 있을까?〉, 유현주 엮음, 《인공지능시대의 예술》, 도서출판 b, 2019, 86~87쪽. 이임수 연구자는 인공지능 시대의 예술에서는 기존의 예술가, 기술적 지지체, 수행 언어, 관객이 만드는 장에 '에이전트'라는 (대리)행위자 축을 더해야 한다고 주장한다. 이임수, 〈인공지능 시대 예술의 패러다임 전환: 모더니즘 이후 매체 개념의 변화와 에이전트로서의 예술 매체 등장〉, 《현대미술사연구》 48, 2020, 236쪽.

것인지 말 것인지의 문제는 미적 윤리적 주체로서 인간의 규정이 선행되어야 한다. 인공지능과 함께 살아가는 인간이 어떻게 미적 윤리적 주체로서 자율적으로 행동하는지, 그리고 자유와 책임을 어떻게 얼마나 지려 하는지 먼저 살펴보아야 하는 것이다. 앞에서 우리는 아직 인간중심주의 사고에서 벗어나지 못했던 시기에 기계와의 결합을 추구하고, 기계로 가장 인간적인 행위인 창작을 수행하려 한 예술가들의 시도를 보았다. 이들은 처음에는 인간과 확연히 다른 기계의 특성에 경도되어 예술 작품에서도 그 속성을 드러내고자 하였으나, 점점 기계가 가진 생명력과 잠재성에 초점을 맞추는 쪽으로 방향을 바꾸었다. 예술 매체도 예술과 인접한 다른 이질적인 것들과 끊임없이 관계를 맺으며 확장해 나가는 경향을 보였다. 이러한 현상은 비단 우리가 살펴본 기계인간 형상이나 예술을 생산하는 기계에 국한되는 것이 아닐지도 모른다. 들뢰즈의 표현처럼 예술 자체가 "생산하는 기계, 특히 효과들을 생산하는 기계"일지도 모른다. 이 '예술이라는 기계'가 생산하는 효과는 다름 아니라 우리가 우리 내면을, 그리고 외부 세계를 바라볼 수 있도록 하는 것이다.[32]

우리는 예술과 기술, 인간과 기계, 예술가와 작품, 또는 예술가와 관객이 대립적이거나 위계를 이루는 관계가 아님을 알게 되었다. 모두 연결되어 서로가 서로를 구성하고, 지속적으로 각 항들을 재규정해 나가는 관계망에서 바라보아야 하는 것이다. 이러한 관계망에서라면 어쩌면 인공지능이 홀로 윤리적·미적 주체가 될 수 있는지 없는지 질문할 필요가 없을 것이다.

얼굴 없는 시대의 미학

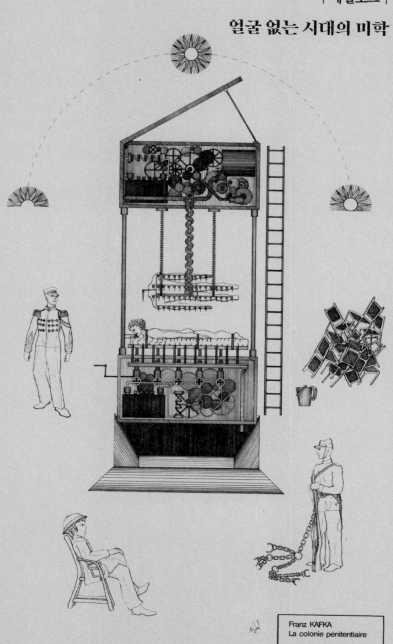

Franz KAFKA
La colonie pénitentiaire

얼굴은 보고 듣고 말하고 냄새 맡는 감각기관이 모여 있는 부분이다. 동시에 '내가 누구인지' 자신과 타인에게 확인시켜 주는 정체성identity 확인의 중요 지표로 기능한다. 현재의 상태와 감정을 드러내는 얼굴은 타인과의 의사소통 연결망을 이루는 하나의 주체로 간주되어 온 것이다. 멀리 아리스토텔레스까지 거슬러 올라가는 인상학physiognomy 전통도 이러한 얼굴과 주체를 동일시하는 생각에 힘을 실어 주어, 사람의 얼굴이 그의 성격과 본성을 보여 준다는 믿음을 강화시켰다. 아리스토텔레스는 친구를 선택하거나, 노예를 사거나, 여자와 결혼할 때에도 인상학에 바탕해야 한다고 강조한다. * 즉, 얼굴에 나타나는 공통적 또는 개별적 징후는 사회적 · 문화적 집단에서 타인들과 관계를 맺는 데에 필요한 것이다. 얼굴은 사회의 소통 네트워크에서 하나의 주체로서 기능한다고 할 수 있다.

그런데 우리가 현대라고 불러 온 지난 200년 동안 대도시와 매체의 급속한 발전 속에서, '나의 얼굴'은 군중 속에 파묻혀 그저 "스쳐 지나가는 누군가의 흔적"에 불과한 것이 되어 버렸다.[1] 마리오 클링게만의 〈행인의 기억 I〉(그림 51)처럼 누구의 얼

---

* 아리스토텔레스, 《관상학》, 김재홍 옮김, 길, 2014, 99쪽, 125쪽. 이 저작은 아리스토텔레스 류Pseudo-Aristotelian로 분류된다. 아리스토텔레스가 직접 썼다기보다 기원전 3세기경 두 사람 이상의 제자가 기록했을 가능성이 높기 때문이다.

굴인지 구별되지 않고 선명한 기억으로 남지도 않는다. 사진과 영화 · TV · 광고 미디어에 반복적으로 투사되는 스타의 얼굴은 소비의 대상으로, 모방의 대상으로 복제 또 복제된다. 게다가 과도한 외모 경쟁사회의 특징을 보이는 한국에서는 성형 열풍이 식을 줄 모른다. 그 결과, 비슷비슷한 얼굴이 광고와 미디어에 노출되고 있다. 이제 얼굴은 더 이상 그 유일성의 가치를 보여 주는 것 같지 않다.

21세기 네트워크의 비약할 만한 발전으로 인해 우리는 우리가 살고 있는 물리적 공간을 넘어 새로운 시공간 속에서 수많은 주체들과 하나가 될 수 있었다. 첨단기술로 매개된 각 존재들은 자신과 타인의 얼굴을 아바타, 이모지와 같은 가상의 얼굴들로 손쉽게 저장 · 변형 · 삭제하고 이를 네트워크를 통해 전달한다. 더군다나 2020년대 코로나 시대를 지나며 '얼굴-대-얼굴'의 직접적 만남보다, 가상공간 속 '상호-접속들inter-faces'의 연결과 이탈의 반복이 우리의 자연스러운 일상이 되었다. 요컨대 우리는 더 이상 '나'와 '얼굴'을 동일성 또는 정체성이라는 틀로 묶을 수 없는 '얼굴 없는 시대'를 살고 있는 것이다.

그렇다면 이러한 얼굴의 소멸은 주체의 사라짐을 의미하는 것일까? 프랑스의 철학자이자 사회학자인 장 보드리야르Jean Baudrillard는 《사라짐에 대하여》에서 "의지의, 자유의, 재현의 기관으로서 주체, 권력의, 지식의, 역사의 주체"는 사라져도 유령처럼, 실체 없는 주체성의 모습으로 "끊임없는 이미지 재생의 그물망 속"을 떠돌고 있다고 말한다.[2] 또, 미적 윤리적 주체 대목에서 언급했듯이, 미셸 푸코는 주체가 하나의 실체로 주어지는 것이 아니라, 자기 실천의 여러 기술들에 의해 고안되고 구축되는 것이라 말한다. 이러한 주체가 진실에 접근하기 위해서는 자신을 변화, 개선시켜 나가는 '주체화' 과정이 필요한 것이다. 그렇기 때문에 자기 자신을 끊임없이 창조·변형해야 할 '작품'으로 전제하고 기술을 가하는 과정이 필수적이다.[3]

한편, 들뢰즈와 가타리는 얼굴의 역사를 타자성을 동일성의 기제로 포섭한 것으로 평가하고 비판한다. 그들은 '얼굴성 visagéité'이라는 추상기계*가 개별적·구체적 얼굴들을 생성한다고 설명한다. 이 얼굴성 기제가 작동하는 방식은 두 가지로 나뉜다. 첫째 방식은 일대일 대응 관계로서 남자/여자·부자/가난한 자·성인/아이와 같은 이분법적 구도를 만들어 내는 것이다. 이러한 기본 얼굴 단위들의 조합에 따라 개별적이고 구체적인 얼굴들이 나온다.

두 번째 방식은 선별화 작업을 통해 이원적 관계를 생산하는

---

* 우리는 앞에서 들뢰즈가 모든 개별적 개체를 '기계machine'라고 부르는 것을 살펴보았다. 구체적인 기계들이 작동하는 방식은 '추상기계machine abstraite'라는 개념도구로 설명한다. 서로 다른 형식들을 출현시키는 '비형식적으로 작동하는 힘의 상관관계'가 바로 추상기계이다.

것으로서, 이때 얼굴은 '서구-백인-남성'을 표준 삼아 인간을 범주화하고 유형화하는 분류체계로 작동한다. 들뢰즈와 가타리에 따르면, 유럽의 인종주의는 비유럽인을 배제함으로써, 즉 타자를 설정함으로써 나타난 것이 아니다. 오히려 흑인 얼굴, 유대인 얼굴과 같은 '일탈'들을 받아들여 동일성의 기제로 포섭함으로써 완수된다. 이는 차이들을 동일성으로 흡수시키고 "삭제하기 위해 그것들을 통합하는 척하는" 얼굴성의 작동 방식이다.[4] 모든 타자성이 사라질 때까지 동일화, 즉 얼굴화만 작동시키는 것이다. 이렇게 구성된 얼굴은 다양한 표현 형식과 실체들을 억압하고, 하나로 고착화시키는 배타적인 표현이다.

또한, 얼굴성의 기제는 독재적이고 권위적인 권력에 의해 작동하는데, 이로부터 의미 생성과 주체화 과정이 얼굴에 새겨진다. 다시 말해, 얼굴에 권력의 메커니즘과 사회적 코드가 새겨지는 것이다. 이것이 얼굴이 갖고 있는 문명의 부정적 측면이며, 그렇기 때문에 들뢰즈와 가타리는 얼굴성의 작동 방식에서 벗어날 것을 제안하며, 얼굴의 해체를 주장한다.

얼굴의 해체는 곧 주체성과 절대적 의미화로부터의 해체이다. 인간을 지배적인 사회질서 안에 고착·고정시키는 의미화와 주체화로부터 벗어나는 것이다. 이러한 포스트모더니즘 철학자들이 공통적으로 말하는 주체의 탈중심화, 혹은 '얼굴=주체'의 해체는 우리에게 다음과 같은 질문을 던져 준다. '얼굴=

주체'가 사라진 후 우리의 얼굴에는 무엇이 표현되는가? 현대 예술가들은 과거의 예술처럼 모델을 그대로 닮은 초상을 그리지 않는다. 아름답고 이상화된 얼굴을 추구하지도 않는다. 그 대신에 공포와 상실감을 보여 주는 난해하고 뒤틀린 얼굴, 분열된 초상을 그린다. 이것이 우리 시대의 얼굴이 담긴 자화상이다. 이 얼굴 없는 시대의 자화상, 현대 예술에서 '얼굴=주체'의 소멸이 어떠한 양상으로 이미지화되는지 살펴보자.

소멸하는 얼굴의 표현

'얼굴=주체'의 소멸은 '근대적 인간' 개념의 해체를 뜻한다. 들뢰즈와 가타리의 설명처럼 근대적 인간의 얼굴은 남자/여자 · 부자/가난한 자 · 성인/아이와 같은 이분법적 구도를 만들었고, '서구-백인-남성'이라는 표준에 벗어나 있는 타자를 삭제하는 방식으로 작동해 왔다.

이러한 '근대적 인간' 개념을 해체하고, 주체의 다양성을 인정하라는 요구가 곳곳에서 나타났다. 예술문화계에서는 1960년대 이후 포스트모더니즘의 영향 아래 타자들의 목소리에 귀를 기울였고, 그들의 새로운 표현 방식이 주목받았다. 예술과 일상, 예술과 비예술의 경계가 사라지고, 장르 간의 구별도 모호해지며, 전통적인 매체에서 벗어난 다양한 표현들이 예술계에 등장하였다. 그러나 여기에서 우리는 이러한 표현들을 포스트모더니즘 예술의 형식이라는 관점에서가 아니라, 존재론적 측면에서 인간과 비인간의 관계에 초점을 맞추어 살펴보고자 한다.

여기서 '얼굴'은 가장 개인적인 것에서 사회문화적인 것 너머로, 관념적인 것에서 상상적인 것으로, 인간적인 것에서 비인간적인 것으로 이행하는 장소가 된다. 지금 우리 시대의 얼굴 모습도 이러하다. 디지털통신·모바일·인공지능·가상현실·메타버스 등으로 빠르고 복잡하게 다변화하는 사회현상은 우리 시대의 얼굴을 대표하는 단 하나의 얼굴을 제시할 수 없게 한다. 여러 얼굴들이 결합되거나, 또는 순간순간 다른 얼굴로 변화하는 모습, 즉 다원화된 혼종의 얼굴상, 가변적인 얼굴상이 우리 시대의 얼굴이다. 이러한 유동적 얼굴 안에는 기존의 인간과 다른 이질적인 것들, 비인간적인 것들이 이미 들어와 있다.

이렇게 기존의 '얼굴=주체'가 소멸하면서 새롭게 출현하는 여러 얼굴들의 양상은 크게 '얼굴 복제 혹은 중첩하기'·'얼굴 지우기'·'얼굴 대체하기'·'얼굴 뒤섞기'의 네 가지 표현 형식으로 분류된다.

얼굴 복제하기 또는 중첩하기

전통적인 초상화나 인물 사진에서 얼굴은 그 사람의 정체성,

자기동일성의 표지였다. 물론 정체성은 사회적으로 소비될 수 있는 관념이다. 보드리야르가 말한 시뮬라시옹처럼 "얼굴의 얼굴의 얼굴…"을 되풀이하며 얼굴을 반복적으로 덧씌우게 되면 정체성, 동일성으로서 얼굴 자체의 기능은 약화된다. 앤디 워홀이 남긴 수많은 실크스크린 초상이 그 예가 될 수 있다. 워홀의 실크스크린 작품에서 반복되는 얼굴은 그 사람의 정체성을 드러내기보다 이미지로 소비되고 복사될 수 있는 '사물'로 독해될 수 있다. 대중 스타를 앞세운 〈여덟 엘비스〉(1963)(그림 54)는 대량생산과 소비사회에서 물신화되는 인간의 모습을 묘사하고

그림 54 앤디 워홀, 〈여덟 엘비스〉, 1963, 캔버스에 실크스크린, 200×370cm

있는 듯하다. 더 나아가 엘비스 프레슬리라는 개별 인간이 아닌, 어떤 방식으로든 소유할 수 있는 상품 혹은 과잉 이미지 소비 과정에서 쓰레기처럼 버려질 수 있는 사물로도 보인다. 이러한 소멸 과정에서 인간은 단지 사진으로 프린트된 종이이거나 백지이거나 혹은 액자가 된다.

워홀은 자화상에서도 자신의 외양을 다양하게 바꾸어 많은 작품을 남겼지만, 한결같이 무표정하고 냉담하여 진짜 그의 모습은 알려 주지 않는다. 1963년 〈자화상〉(그림 55)은 타임스퀘어의 즉석사진 부스에서 찍은 네 장의 증명사진을 실크스크린으로 확대한 것이다. 자세를 조금씩 바꾸었지만 은색 가발과 선글라스로 표정을 가린 모습이 그대로 반복되며 그의 얼굴을 '양식화'한다. 이 양식화된 얼굴로 인해 누구나 그를 쉽게 알아볼 수 있지만 정작 그에 대해 알려 주는 것은 하나도 없다. 실제 그는 "미국의 가장 좋은 점은 실종될 수 있다는 것이다"라는 말을 자주 했다. 엄청난 유명세에도 불구하고, 워홀은 자기 자신을 반복되는 얼굴 뒤로 감추는 데에 성공한 것처럼 보인다.* 그가

---

* 어떤 면에서 앤디 워홀의 얼굴은 이미 사라졌다고 할 수 있다. 젊은 시절 워홀은 색소 형성에 문제가 있었으며 그로 인한 부작용을 감추고자 가발로 가리고 다녔고, 사포를 사용하는 피부박리술을 감행하고, 메이크업을 두껍게 했다. 덕분에 어떤 사진에도 그의 나이, 격정, 감정이 드러나지 않는다. 앤디 워홀, 《앤디 워홀의 철학》, 김정신 옮김, 미메시스, 2018, 75~86쪽 참조.

그림 55 앤디 워홀, 〈자화상〉, 1964, 캔버스에 아크릴과 실크스크린, 101.6×81.3cm

그림 56 렘브란트 반 레인, 〈포목상 조합 이사들〉, 1662, 캔버스에 유채, 191.5×279cm, 암스테르담 국립미술관

만들어 낸 본인의 얼굴 이미지는 대량생산에도 어울렸으며, 그는 실제로 이를 벽지로 제작하기도 했다. 방 안 가득 찬 은색 가발과 선글라스를 쓴 얼굴의 반복을 상상해 보라. 워홀의 얼굴이 가득한 벽지는 그의 얼굴이 더 이상 한 사람의 얼굴이 아니라 하나의 무늬가 되었음을 말해 준다. 동일한 얼굴을 반복해서 초상하는 것은 이렇게 표준화 · 단일화되어 패턴화된다.*

---

* 앤디 워홀은 "내가 그림을 그리는 이유는 기계가 되길 원하기 때문이다"라고 했다. Kristine

그렇다면 한 집단의 초상화는 어떠한가? 17세기 네덜란드 집단 초상화의 예(그림 56)가 보여 주듯, 일반적으로 특정 공동체의 초상화는 구역을 공평하게 배분하되, 각자의 개성을 살려 구성원 모두를 식별 가능하도록 그리는 것이 관건이었다. 한 그룹 내 동등한 지위를 갖는 사람들이라면 초상화 안에서도 같은 크기를 부여받아야 하고(그림 제작에 들어가는 비용을 각자 나눠서 지불했다), 당연히 누가 누구인지 알아볼 수 있어야 했다.

그림 57 기타노 켄, 〈우리의 얼굴〉, 2010, 젤라틴 실버프린트, 35.56×27.94cm

오늘날의 집단 초상은 어떨까? 기타노 켄Ken Kitano의 〈우리의 얼굴Our Face〉 프로젝트를 보자(그림 57). 1999년에 시작된 기타노 켄의 이 프로젝트는 특정 지역을 방문해 그곳의 사람들을 35밀리미터 필름에 담는 집단 초상 사진 작

Stiles · Peter Selz (eds.), *Theories and Documents of Contemporary Art: A Sourcebook of Artists' Writings*, Bereley: University of California Press, 1996, p. 340; 로라 커밍, 《자화상의 비밀》, 김진실 옮김, 아트북스, 2018, 427~433쪽 참조.

업이다. 그는 수천 명의 촬영 이미지들을 인화 과정에서 차례로 중첩시키는 방식을 택해 각 얼굴이 가진 고유성과 개체성을 소멸시켰다. 겹쳐 나가는 과정 중 개별자의 얼굴은 사라지고, 어느 순간 유령 같은 보편자의 얼굴이 불쑥 떠오른다. 반복과 중첩의 과정 중에 실제로 존재하지 않는 인격 혹은 사회적 기표가 생성된 것이다. 과거 베허 부부Bernd & Hilla Becher의 유형학typology 사진(그림 58)*에서조차 구별 가능했던 개별자의 얼굴은

---

* 베른트와 힐라 베허 부부는 유사한 형태의 구조물들을 격자무늬 안에 배치하는 사진 작업을

켄의 사진에서는 사라지고, 유령 같은 보편자 얼굴 속 어딘가에서 식별 불가능한 흔적으로만 남는다.

얼굴 지우기

들뢰즈와 가타리는 얼굴을 '흰 벽-검은 구멍'이라는 체계로 설명한다. 기표화와 주체화가 일어나는 곳이 얼굴이라면, 기호들을 기입할 흰 벽이 있어야 하고, 의식이나 정념을 숙박시킬 검은 구멍이 있어야 주체화가 가능하다.[5] 쉽게 설명하자면, 내 안의 확고한 관념을 흰 벽에 적어 놓고 그것에 맞춰 사람들을 줄 세우고 그것을 검은 구멍 안으로 빨아들일지 말지를 결정하는 것이다. 흰 벽과 검은 구멍의 변형 가능한 조합들에 따라 수없이 많은 다양한 얼굴들이 생산되지만, 우리는 그것을 동일화 아니면 배제라는 식으로 폭력적으로 사용해 왔다.

그래서 아지즈와 쿠처Aziz+Cucher가 보여 주는 검은 구멍들, 욕망의 장소들을 다 막아 버린 얼굴은 흥미롭다(그림 59). 주체화를 가능하게 하는 검은 구멍이 없는 매끈한 표면은 아무런 정체성

50년간 선보였다. 비슷한 유형의 것들을 모아 객관적으로 마치 증명사진처럼 찍고, 연속해서 반복적으로 보여 주는 '유형학적 사진'의 창시자라 할 수 있다. 이 부부가 찍은 발전소 냉각탑 · 용광로 · 물탱크 등 노후되고 이질적인 산업 건축물들은 엄격한 규칙과 통일성이 먼저 눈에 들어오지만, 각각의 대상은 저마다 다른 모양을 하고 있어 구별이 가능하다.

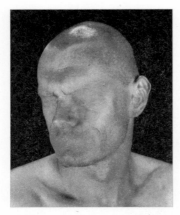

그림 59 아지즈+쿠처, 〈디스토피아(크리스)〉,
1996, c-type 프린트, 95×76cm

도 드러나지 않는 군중 속으로 사라지려는 현대인의 얼굴 같기도 하다. 모든 일에 둔감한 척, 자신의 속내를 감추고 드러내지 않으려는 의지 같아 보인다.[6]

한편 구멍을 막아 버린 매끈한 얼굴은 비인간적인 것이 나타날 수 있는 잠재적 공간이기도 하다. 그들이 만 레이의 〈흑과 백〉(1926)(그림 60)을 따라 연출한 1996년의 작품(그림 61)을 보자. 아지즈와 쿠처의 사진에서는 스킨색의 피부를 얼굴과 가면에 뒤집어씌움으로써 백인/흑인·유럽/아프리카·인간/사물의 구별을 모두 사라지게 만들었다. 흥미로운 것은 물체의 하단부에 나타난 컴퓨터 케이블 플러그 같은 부품인데, 이는 신체를 연장시키는 보철prosthesis과도 같은 기능을 하며 이질적인 것과의 접속을 가능하게 한다. 인간 신체는 더 이상 순수하지 않고, 이제 인간이 아닌 다른 종種, 기계 혹은 각종 프로스테시스와 결합된 변형된 포스트휴먼posthuman으로 등장하는 것이다.

시선과 발화를 드러내지 않으려는 얼굴뿐만 아니라, 공기 속

그림 60 만 레이, 〈흑과 백〉, 1926, 젤라틴 실버프린트, 21.6×27.3cm

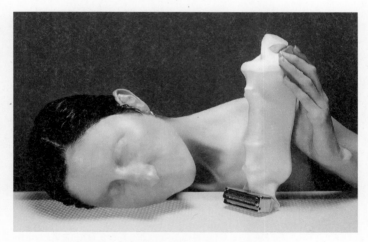

그림 61 아지즈+쿠처, 〈만 레이를 따라서〉, 1996, c-type 프린트, 28×35.5cm

으로 사라져 버리는 몸짓도 우리 시대가 소망하는 생활양식이다. CCTV를 비롯한 수많은 관찰과 감시 장치 아래 '온순한 신체'이기를 강요당하는 인간은 카메라 장치 앞에서 '현전presence' 하기보다 사라지기를 소망한다. 한 존재가 '거기 있었음ça a été'을 분명하게 보여 주던 사진 매체는 오히려 한 존재의 사라짐을, 또는 '유령spectrum'과 같은 존재를 담는 매체로 기능한다.[7]

프란체스카 우드만Francesca Woodman은 짧은 작품 활동 기간 동안에 자기 얼굴을 지운 신체가 사물, 공간과 점점 동일시되어 가는 과정을 보여 준다. 그녀는 벽지 속으로, 벽난로 틈새로 들어가 자신의 신체와 사물, 그리고 공간을 융합시키거나 경계를

그림 62 프란체스카 우드만, 〈집 #3, 프로비던스, 로드아일랜드〉, 1976, 젤라틴 실버프린트, Courtesy George and Betty Woodman
그림 63 프란체스카 우드만, 〈무제, 맥도웰 콜로니, 피터버러, 뉴햄프셔〉, 1980,. 젤라틴 실버프린트, 20.3x25.4cm

허무는 과정을 기록한다. 〈집 #3〉(1976) (그림 62)에서 햇빛 쏟아지는 창문 아래에서 움직이는 그녀의 신체는 주변의 널브러진 물건 파편들과 다르지 않아 보인다. 맥도웰 콜로니 야외 숲에서는 나무껍질로 감싼 두 팔을 쭉 폄으로써 나무가 되어 숲속으로 사라진다(그림 63). 인간적인 모든 것들은 공기 속으로 사라지는 것이다.

얼굴 대체하기

'나'를 숨기는 데에 성공하는 또 하나의 방법은 '사회적인 나', 다른 사람에게 보이고 싶은 나를 내세우는 것이다. 사람은 누구나 '가면'을 뜻하는 '페르소나persona', 즉 또 다른 외적 인격의 모습을 내세우며 살아간다는 것이 삶의 상식이다. 그러나 랄프 유진 미트야드Ralph E. Meatyard의 가면 작업은 우리에게 불편한 감정을 안겨 준다. 그의 사진이 유발하는 언캐니uncanny는 아이가 노인의 가면을 쓰거나 여성이 남성의 가면을 쓰는 등 사진 속 인물이 성별과 나이에 맞지 않는 가면을 쓰고 있을 때 더 증폭된다(그림 64). 이는 단순히 아이의 미래 모습을 보여 준다든지 여성에게 숨겨져 있는 남성적 면을 보여 주고자 함이 아니다. 가면이 얼굴을 삼켜 버렸는지 얼굴이 팽창하여 가면이 되어 버렸는지 분간할 수 없는 지대가 된 그로테스크한 '가면-얼굴'은 죽음 가운데에 있는 삶, 과거와 현재가 함께 흘러가고 있음을

그림 64 랄프 유진 미트야드, 〈앰브로즈 비어스 Ambrose Bierce〉,
1964, 젤라틴 실버프린트, 33×25.4cm, Courtesy Fraenkel
Gallery

보여 준다. 이러한 낯설면서 낯익은, 그래서 두려우면서도 매
력적인 가면-얼굴들은 어디인지 언제인지 특정할 수 없는 시
간과 장소에 출몰한다. 순간과 영원이 공존하는 모든 시간을
내포하는 장소에 우리는 살아가고 있다.

　아예 점과 선의 기표로 얼굴이 대체되는 경우도 있다. 마누
룩스Manu Luksch의 〈얼굴 없는Faceless〉(2007)(그림 65)은 역사도 미래
도 없는 '리얼-타임Real-Time'을 배경으로 한다. 모두가 얼굴을 가
린, 얼굴 없는 사회에서 어느 날 얼굴을 갖고 깨어난 여자의 이
야기가 펼쳐진다. 이 작품은 작가가 촬영한 것이 아니라 영국

그림 65 마누 룩스, 〈얼굴 없는〉, film, 50min, Digibeta; Dolby 5.1 surround sound

런던 거리와 공공장소의 CCTV 녹화 영상들로 편집되어, 제3
자 개인정보보호를 위해 주인공을 제외한 모든 이의 얼굴이 검
은 원으로 대체되었다. 그 결과, 권력의 눈을 대신하는 CCTV
가 우리의 거의 모든 행적을 감시하고 있음이 폭로됨과 동시
에, 기계의 눈이 포착한 장면들에서 푸코의 언급처럼 '온순한
신체'가 된 사람들이 확인된다. 사람들은 주체적 얼굴을 상실
한 채 동일한 디지털 데이터digital data로 환원되어 화면을 떠돌고
있을 뿐이다.[8]

들뢰즈는 프랜시스 베이컨Francis Bacon의 작품을 설명한《감각
의 논리》에서 손가락적digital인 것과 손적인manual 것을 구별한

바 있다. 'digital'이란 단어는 어원상 손가락doigt에서 나온 말로, 숫자를 세는 것과 관련 있다. 들뢰즈는 이 어휘를 확장하여 우리의 손이 "순수 시각적 형태들의 단위를 선택하는" 행위로 해석한다. 몬드리안의 '차가운 추상'에서 직선·원·사각형 같은 것들로 환원하는 경우를 떠올리면 된다. 반면 '손적인' 것은 손의 완전한 자유와 해방을 의미한다. 잭슨 폴록이 화폭을 바닥에 놓고 물감을 자유롭게 흩뿌렸던 것처럼 말이다.

마누 룩스의 〈얼굴 없는〉에서처럼 우리의 얼굴은 손가락적, 디지털 데이터로 대체되기도 하지만, 손적인 강렬한 제스처로 대체되기도 한다.[9] 아르눌프 라이너Arnulf Rainer의 자화상(그림 66)

그림 66 아르눌프 라이너, 〈무제 (얼굴 익살극Face Farce)〉, 1971, 종이에 흑백사진, 왁스 크레용과 수채, 59×41.7cm

은 사진 위에 강한 붓질로 돌발표시들diagrammes을 남긴다.[10] 갑자기 들이닥친 이 돌발표시들로 인해 라이너의 자화상은 판에 박힌 것clichés에서 벗어나며, 재현적이지 않은 것이 된다. 사진이라는 디지털 이미지 위에 라이너의 손이 붓을 들고 휘두르는 행위로 작동한 선線들은 그의 얼굴에 있는 구멍들을 가로지른다. 이 선들은 의미의 영역을 구축하는 고정된 선이 아니라, 새로운 방향으로 탈주하는 탈주선들로 기능한다.*

얼굴 뒤섞기

'얼굴=주체'의 소멸은 얼굴 안에 섞여 있던 자기 아닌 것들, 타자를 확인하는 과정이다. 타자는 반드시 타인他人인 것은 아니다. 인간에게 이종적인 존재가 얼굴을 드러내기도 한다.

프랑스의 듀오 아티스트, 아르 오리엔테 오브제Art Orienté Objet 는 우리 사회에서 굳게 닫힌 실험실 문 뒤에서 발생하는 문제들을 논쟁의 장으로 가져오는 프로젝트를 진행해 왔다. 그들의 2011년 작업 〈아마도 말이 내 안에 살고 있을지도 몰라〉(그림 67) 는 말의 피를 작가 마리옹 라발-쟝테Marion Laval-Jeantet에게 직접 주입하여 '동물-되기'로 살아가는 과정을 기록한 비디오아트이다. 퍼포먼스 시행 전 마리옹은 수혈로 인한 과민성 쇼크를 방

---

* 질 들뢰즈 · 펠릭스 가타리, 《천개의 고원》, 329쪽; 앙드레 르루아 구랑André Leroi-Gourhan의 분석대로 얼굴이 언어, 의미와 직접적인 연관성을 맺는다면, 손은 기술의 도구라 할 수 있다. 다시 말해서 얼굴은 말의 조작과, 손은 물체의 조작에 대응하는 것이다. André Leroi-Gourhan, *Le geste et la parole, Technique et language*, vol. 1, Paris: Albin Michel, 1964, p. 161; 로널드 보그, 《들뢰즈와 음악, 회화, 그리고 일반예술》, 사공일 옮김, 동문선, 2006, 129쪽.

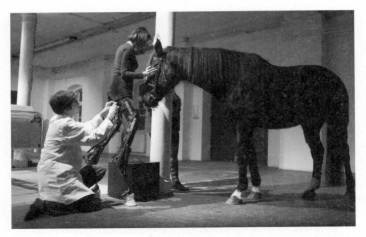

그림 67   아르 오리엔테 오브제, 〈아마도 말이 내 안에 살고 있을지도 몰라〉, 2011, still from HD
video: 24min

지하고자 모든 테스트를 거쳤으나, 대량으로 주입된 낯선 세포
에 그의 몸은 예측할 수 없는 반응을 보였다. '켄타우로스의 피'
를 갖게 된 마리옹은 강한 염증으로 인한 고열과 발작·불면·
이상식욕·공황 상태 등을 연달아 경험했고, 이를 기록으로 남
겼다. 이들의 퍼포먼스는 무엇을 말하려는 것이었을까? 여기
서 말의 피는 단순히 인간 안에 침입해 들어오는 이질적인 타
자로 설정된 것이 아니다. 이들의 작업은 인간의 생명기술 공
학의 발전 과정에서 수없이 많은 실험실의 동물들이 인간의 삶
을 유지시키고 연장시켜 왔음을 폭로하기 위함이다. 마리옹이
겪은 이상 반응들을 보고 말 전문가들은 정확히 실험실 말이

경험하는 반응들과 동일하다고 했다. 아르 오리엔테 오브제는 이렇게 우리가 알지 못하는 새, 실험실 동물과 같은 경계적 존재들이 인간의 생명 연장과 경제적 이익을 위해 물건처럼 소모되고 폐기되고 있음을 고발한다. 이들의 팀명 "사물을 향한 예술"에서 '사물'은 바로 실험실에서 각종 화학 전기 물질들과 인간의 피와 세포를 이식 받아 온 동물의 이름이자, 이 작품에서 '켄타우로스의 피'를 주입하고 온갖 부작용을 경험한 마리옹의 또 다른 이름이라 할 수 있다. 인간중심주의적 사고에서 벗어나면 그동안 은폐되어 있던 다른 얼굴들이 모습을 드러낸다.

혼종적 생명체는 디지털 기술의 발전과 함께 더 자유로운 모습으로 나타난다. 오늘날의 모핑morphing이나 디지털 사진합성 기술이 나오기 훨씬 전부터 낸시 버슨Nancy Burson은 컴퓨터합성 초상 사진 연작을 발표해 왔다. 그녀의 1980년대 〈진화〉 시리즈(그림 68)는 인간의 얼굴과 원숭이의 얼굴을 합성하는 방식으로 인간과 타자의 경계를 허물고, 얼굴에 가려진 동물성을 드러낸다. 빌렘 플루서Vilém

그림 68 낸시 버슨, 〈진화 II〉, 1984, 젤라틴 실버 프린트, 17.7×18.3cm

Flusser는 버슨의 복합초상을 '키메라'라고 부르며 버슨의 키메라가 신화시대 키메라와 다른 점을 지적한다. 신화시대의 키메라는 단순 콜라주collage에 불과하므로 칼을 대면 사자의 머리, 염소의 몸통, 뱀의 꼬리로 나눠지지만, 버슨의 키메라는 아무리 칼을 대도 인간과 침팬지가 분리되지 않는다.[11]

인간의 얼굴에서 사물의 얼굴로

위의 네 가지 양상에서 살펴보았듯이 '얼굴=주체'가 소멸하면서 드러난 것은 인간의 얼굴이 아닌 것, 비인간 사물의 출현이다. '비인간nonhuman'이라는 용어는 존 로John Law · 브뤼노 라투르Bruno Latour · 미셸 칼롱Michel Callon 등에 의해 사용된 용어로 과학기술의 네트워크 위에서 인간적인 것들과 연합하여 과학기술 지식을 구성하는 물질적 행위자를 뜻한다. 비인간의 존재는 결국 자연과학 지식과 같은 엄밀한 진리가 인간 외부의 것들, 즉 사물들과 공조하여 이루어진 구성임을 보여 준다. 비인간 이론에서는 인간중심주의의 해체를 강력하게 주장하면서, 생명과 물질을 아우르는 '사물things' 개념을 등장시킨다. 여기서 사물은 보편적인 존재인 '무엇'이 아니라 다양하며 복수적인 '어떤 것'을 뜻한다. 이렇게 과학기술학에서 촉발된 비인간 사물이론은 인간과 사물의 대칭관계 또는 인간과 사물의 아상블라주assemblage에 초점을 맞추며 전개되지만, 직접적으로 사물의 얼굴을 언급하지는 않는다. 그러므로 존재론과 과학지식이 얽힌 관계망에서 미학과 예술이 차지하는 자리에 대해 논의해 볼 필요가 있다.*

우리가 앞서 현대예술에서 나타난 얼굴의 양상에서 살펴보았듯이, 비인간 사물은 인간의 얼굴과 공생하거나 단순히 인간의 얼굴을 대체하는 것이 아니다. 그것은 인간의 얼굴 뒤에, 인간의 얼굴과 이미 하나인 상태로 있었다. 우리는 앞에서 독신자기계를 비롯해 20세기에 나타난 인간과 기계의 혼종 상태에 대해 살펴보았다. 이 혼종의 상태가 예술 문학의 상상력의 산물로만 여겨지고 수면 위로 드러나지 않았던 것은 우리의 근대적 이성이 인간의 얼굴에만 과도한 특권을 부여했기 때문이다. 비인간 사물에 비해 인간의 얼굴은 로고스적인 힘을 지닌 것으로 여겨졌던 것이다. 인간/비인간뿐만 아니라 남/녀 · 말/글 · 선/악 · 현전/부재 등과 같은 이원적 대립 체계에서 전자에 부여했던 특권들을 심문하고 그 모순 지점에서 내파를 이루어 내

---

* 인간 · 사물 · 기계가 혼종된 미학의 가능성에 대해서는 이재준, 〈얼굴과 사물의 인상학: 근대 신경과학과 과학미디어에서 기계의 표현을 중심으로〉, 《미술이론과 현장》 22, 2016, 62~85쪽을 참고할 수 있다.

는 것이 자크 데리다Jacques Derrida의 해체 전략이었다. 우리는 여기서 데리다의 몇몇 흔적들을 따라 현대예술에 나타난 '사물의 얼굴'을 읽어 보고자 한다.

자화상과 다른 잔해들

데리다는 1991년 루브르 박물관의 요청으로 루브르 소장품 중 눈과 맹인, 그리고 개안과 관련된 작품을 골라 전시하고,《눈먼 자들의 기억: 자화상과 다른 잔해들》(1991)를 출판한다(그림 69). 여기에서 데리다는 해체론의 고유한 '나', 자아, 주체의 자화상 그리기에 대해 설명하는데, 이 책의 부제가 알려 주듯 자화상은 '잔해들'과 연결된다. 해체론에서 정의하는 '나'는 나 이전에 타자가 있다는 것을 전제한다. 이를 "태초에 잔해가 있었다"[12]고 표현하며 데리다는 '나'의 기원이 '나 이전의 타자와의 만남'이라고 본다. 이러한 타자성과의 만남을 기록하는 것이 자화상이다.

자화상 그리기는 완성물로 모습을 드러낼 개별 작품(동

그림 69 자크 데리다,《눈먼 자들의 기억:
자화상과 다른 잔해들》, 1991

일성의 집합으로서 나)의 프레임cadre을 가능하게 하면서 동시에 그 프레임을 넘어서는 타자성과의 만남을 기록하는 것이다.* 자화상의 대상인 '나'는 글쓰기와 그리기의 과정에서 선물처럼 주어지는 사건인 것이다.

여기서 '잔해'란, 전통 형이상학에서 주체 또는 기존 자화상의 프레임 안에 들어갈 수 없었던 타자성의 흔적을 뜻한다. 잔해는 사건처럼 주어지는 것이 아니라 처음부터 거기 있었다. 오히려 이 잔해가 자화상, 즉 진정한 '나'를 가능하게 한다. 그러나 동시에 자화상을 프레임으로 고정화하려는 순간, 그것을 흩뜨려 버리는 이중운동이 발생한다. 잔해는 자화상 프레임 밖으로 밀려나간 부스러기가 아니라 자화상 내부와 외부의 경계를 무너뜨리는 내 안의 타자의 흔적이다. 그래서 데리다는 "잔해가 곧 자화상"이라고까지 주장한다. 데리다에게 자화상은 프레임 안에 색과 선으로 그려지는 자아의 재현이 아니다. 오히려 "유령처럼 머물러 있거나 혹은 되돌아오면서" 프레임의 열림과 닫힘을 반복적으로 가능하게 해 주는 가시적인 흔적을 통해 주어지는 '사건으로서 나'를 그리는 것이다.[13]

---

* 여기서 '프레임'은 데리다가 《회화에서의 진리》에서 논했던 '파레르곤parergon'으로 기능한다. 파레르곤을 통해 데리다는 회화가 진리의 죽음이나 부재의 기록일 수 있다는 생각을 펼친다. cf. Jacques Derrida, *La Vérité en peinture*, Paris: Flammarion, 2010.

데리다는 더 나아가 그림의 기원이자 그림의 조건으로 '눈멂'을 이야기한다. 그림을 그리기 위해 화가는 눈이 멀어야 한다는 것이다! 우리는 흔히 시각예술이라고 이야기하는데 눈 먼 자의 그림이라니. 조셉 브누아 쉬베Joseph Benoit Suvée의 〈드로잉 예술의 탄생〉(그림 70)을 보며 설명해 보자. 이 그림은 플리니우스Gaius Plinius Secundus가《박물지 Historia Naturalis》에서 언급한 부타데스의 딸 이야기를 배경으로 하고 있다.[14] 이 이야기는 본격적인 예술적 재현의 탄생을 말한다. 플리니우스는 처음에는 회화의 기원을,* 두 번째는 조각의 기원을[15] 같은 설화로 반복해서 이야기한다.

플리니우스에 따르면, 최초의 예술 작품이 만들어진 계기는 사랑하는 이의 떠남에서 찾아야 한다. 부타데스의 딸은 다음 날이면 전쟁터로 떠날 애인의 형상을 기억하고자 벽에 비친 그의 그림자를 따라 벽에 선을 남긴다. 부타데스의 딸은 연인의 이미지를 영원히 지속시키고 싶은 마음, 즉 죽음의 공포를 내몰고 연인의 생존을 소망하는 마음을 담아 그림자 그림을 그린 것이다. 이 재현은 실루엣에 불과할지언정 그녀에게는 연인을 대신하는 것이다. 즉, 재현은 기억을 되살리기 위한, 부재를 현존으

---

* "회화는 사람의 그림자 윤곽을 따라 그리는 데서 시작되었다", Pliny, *Natural History*, XXXV, 15.

그림 70 조셉 브누아 쉬베, 〈드로잉 예술의 탄생〉, 1791, 캔버스에 유채, 267×131.5cm, 브뤼헤 그뢰닝게 미술관

로 만들기 위한 대체물로 기능한다. 그러나 이 그림자 그림은 아직까지는 실체가 없는 이미지eidolon에 불과하다. 여기에 도공인 아버지 부타데스가 개입한다. 그가 딸이 그린 윤곽에 진흙을 바르고 본을 떠 조형물로 만들고 나중에 이것이 코린트의 신전으로 옮겨지면서, 이미지는 진정 영원한 시간을 부여받는다.

데리다는 플리니우스의 논의에서 더 나아가 이 이야기를 독특하게 설명하는데, 바로 그림이란 지각보다는 기억에 의존한다는 것이다. 벽에 선을 그을 때 여인은 연인을 볼 수 없으므로 눈이 먼 상태이며, 연인을 바라보는 순간에는 그린 선에 대해 눈이 먼 상태이다. 어느 하나에는 장님이 되어 한쪽 기억에 만족한다는 것이다. 쉬베의 작품에서 서로 만나지 못한 두 사람의 시선은, 두 사람 모두 맹인이 아니지만 서로에 대해 눈이 멀어 있음을 보여 준다. 서로를 보지 못하는 그들이 만나는 유일한 지점이 그림자이다. 그림자, 즉 존재의 '잔해'는 데리다가 정의하는 그림의 축소판이다. 데리다에게는 그림도 그림자도 모두 "현전과 부재가 유희"하는 장소이며, "지워진 흔적의 장소"이다.[16]

사뮈엘 베케트Samuel Beckett의 글쓰기도 데리다처럼 이원 구조를 피해 간다. 베케트는《3부작》에서 다음과 같이 말한다.

"세상을 둘로 나누는 것, 바깥과 안으로 나누는 것은 호일 종이만큼이나 얇은 것이다. 나는 이쪽도 저쪽도 아닌 중간에 있다. 나는 갈라짐partition이다. … 나는 항상 떨리는 팀파눔이다. 한쪽에는 정신이, 다른 한쪽에는 세상이 있지만, 어느 양쪽에도 속하지 않는다."●

베케트의 짧은 모노드라마 희곡《나는 아니야Not I》(1972)는 partition의 다른 뜻인 '악보'와 같은 글이다. 여기에는 데리다가 주장한 글쓰기écriture처럼 의미나 개념은 없고 특유의 리듬만 남아 있다. 이것을 실제 무대에 올린 연극, BBC 방송국을 위한 TV 버전(그림 71)을 보면, '입'이 시각적·청각적 오브제로서 주인공을 대체했음을 확인할 수 있다. 심연의 무대 위에는 커다란 입만 둥둥 떠서 나타날 뿐이며, 그 입은 파편적인 언어를 쉴 새 없이 쏟아 낸다. 다른 신체 부위 없이 홀로 등장한 거대한 입은 육체의 기관이라기보다는 추상적이고 낯선 '오브제'이다. 입에서 나오는 음성은 기표들의 나열일 뿐, 아무런 의미를 생성하지 못한다. 분절된 독백은 자신의 이야기를 말하는 것 같지만 끊임없이 그것이 "자신이 아니라 그녀not I but she의 이야기"라고 소리친다.

이러한 베케트의 해체 작업은 "사물 뒤에 숨은 사물"[17]을 찾

● Samuel Beckett, *Three Novels: Molloy, Malone Dies, The Unnamable*, New York: Groove Press, 1965, p. 383. 'partition'은 데리다가 차연을 대체한 많은 기표 중 하나이며, '팀파눔'은 데리다가 논문 제목으로 사용한 'Tympan'과 관련 있다. 데리다는 베케트가 "자신과 너무 가깝기" 때문에 본인이 개입해 "해체할 여지가 없다"고 말했다.

그림 71 사뮈엘 베케트, 〈나는 아니야〉, 1972/1977, 싱글 채널 비디오, 흑백, 사운드, 11min 52s, MACBA Collection

기 위한 것이다. 사물 뒤에 숨은 사물들을 드러내는 일이야말로 사물의 얼굴을 포착하는 방법이다. 언어를 소진시키고 해체하며 침묵에 이르는 것, 그리고 육체를 해체하여 탈육체를 시도하는 것은 사물 뒤의 순수한 사물을 추출하기 위한 것이다.[18] 나를 말할 수 없는 입은 나를 말하는 대신, 나 아님을 지칭하는 그녀의 언어를 고집함으로써 나 아닌 언어를 소진시키는 방법을 선택한다. 이렇게 의식의 통제를 벗어난 목소리는 의식과 목소리가 분리된 상태의 '고장난 기계'와도 같다. 나를 말할 수도, 그녀를 대신하는 말도 아닌 내레이션은 더 이상 얼굴의 기관이 주체화와 의미화의 장소로 기능하지 않으며, 구멍을 통해 나와 타자의 잔해가 오가는 장소일 뿐임을 보여 준다.

우편엽서의 얼굴

1977년 옥스퍼드 도서관을 방문한 데리다는 한 장의 우편엽서를 우연히 발견한다. 문제의 우편엽서는 13세기 베네딕투스 수도사 매튜 파리스Matthew Paris

가 소크라테스와 플라톤을 그린 그림(그림 72)이었다.* 이 그림에는 이상한 점이 있었다. 소크라테스가 앉아서 글을 쓰고 있는데, 플라톤은 그 뒤에 서서 손가락을 쭉 펼치고 있어서 분명히 받아쓰기를 지시하는 것처럼 보인다는 점이다. 플라톤이 스승 소크라테스의 말을 받아 적는 것이 아

그림 72 매튜 파리스, 〈우편엽서〉, in: Jacques Derrida, *La Carte postale*, Paris: Flammarion, 1980

---

* 이 엽서는 데리다의 저서 《우편엽서: 소크라테스에서 프로이트까지 그리고 너머》(1980)의 표지로 선택된다. Jacques Derrida, *La Carte postale: de Socrate à Freud et au-delà*, Paris: Flammarion, 1980.

니라, 정반대의 역할을 하고 있다. 우리가 알고 있는 소크라테스와 플라톤의 역할에 대한 완전한 전도인 것이다.*

이 우편엽서와 관련해 데리다는 흥미로운 질문을 다수 제기한다. 이 우편엽서에서 파리스는 단순히 두 인물의 이름을 잘못 붙이는 실수를 한 것일까? 아니면 이 베네틱투스 수도사가 자신에게까지 내려온 서구 전통에 도전한 것일까? 데리다는 일련의 철학적 질문을 도발하는 발판으로 이 우편엽서를 사용한다. 어떻게 우리는 고대의 기록들, 예를 들자면 플라톤의 대화록 같은 것이 실제 발생한 대로 과거를 정확하게 기록한 것이라고 확신할 수 있는가? 우리는 우리의 전통이나 정체성이 그 창작자들의 원래 의도와 일치하게 전달되었다고 확신할 수 있는가? 어떻게 우리는 우리가 의도된 수취인이라고 확신할 수 있는가?[19]

데리다는 우편엽서라는 형식에 대해서도 생각한다. 우편엽서는 사적인 동시에 공적이다. 사람들은 친구나 연인에게 사적이고 개인적인 메시지를 우편엽서에 쓸 수 있다. 그러나 그것

---

* 소크라테스와 플라톤의 역할 전도는 데리다에게 서구 형이상학의 역사에서 말하기와 글쓰기의 문제적 관계를 예시하는 것으로 보였다. 데리다는 플라톤의 《파이드로스》를 독해하며 이를 설명한다. 플라톤의 글쓰기는 일종의 '파르마콘pharmakon'으로 기능하는데, 파르마콘은 '독'과 '약'을 동시에 의미한다. 글쓰기를 대표하는 플라톤은 말하기를 대표하는 소크라테스를 죽이는 동시에 살리는 대리보충supplément 관계로 설명된다. Jacques Derrida, "La Pharmacie de Platon", in: La Dissémination, Paris: Seuil, 1993 참조.

이 우편 체계에 들어가면 엽서의 특성상 다른 사람들에게 그대로 노출된다. 사실 데리다의 텍스트 《우편엽서》는 한 연인에게 씌인 내밀한 우편엽서 모음 형식으로 되어 있다. 그러나 그것이 우편엽서라는 사실로 인해, 데리다든 또 다른 누구든 그 저자가 의도했을 것과 다른 방식으로 해석되거나 읽히는 것을 막을 길이 없다. 또한, 우편 체계 내에서 그것이 언제나 의도된 목적지에 도달하리라는 것도 보장할 수 없다. 우리가 엽서를 우편함에 넣는 순간 그것은 잘못된 목적지로 갈 수도, 우편함에서 분실될 가능성도 언제나 있다. 엽서나 편지를 보내는 행위는 언제나 목적지를 잃고 방황할 가능성을 포함하고 있는 것이다.[20]

데리다는 우리의 모든 전통적인 정체성 형식들도 '우편적 postal'이라 본다. 그들은 문자 그대로 자기 주소를 쓴 봉투처럼 그들 자신을 자신에게 보낸다. 예를 들어 'Derrida'라는 고유명사를 보자. 구조주의 언어학자 소쉬르Ferdinand de Saussure의 분석을 빌려 말하자면, 이 이름은 자신의 정체성의 의미를 차이의 체계 안에서만 가정할 수 있다. 이를 위해 'Derrida'라는 고유명사는 자신의 밖으로 나가서 'Berrida'·'Gerrida'·'Derrisa' 등 다른 모든 것으로부터 자신을 구별해야 한다. 차별화를 거쳐 자신으로 되돌아옴으로써 비로소 완전한 동일성을 갖게 되는 것이다. 자기동일성을 강조해 온 전통 철학에서 '차이'나 '지연'과 같은 이행 과정은 글쓰기가 요구하는 단순한 불편함에 지나지 않았다. 그러나 데리다는 이러한 차이, 지연, 상실의 가능성들이 우편적 체계 자체를 세운다고 본다. 고유명사조차 우편에서 길을 잃어버릴 수 있는 것이다.[21]

따라서 '우편적'이란 은유는 데리다에게뿐만 아니라 우리에게도 특별히 유용하다. 그것은 정체성이 어떻게 발신과 수신의 원운동으로 구성되는지 이해할 수 있게 해 주기 때문이다. 또한, 그것은 어떤 정체성이라 할지라도 그 정체성이 의도한 종착지에 도달할 것이라고 보장할 수 없음을 의미하기도 한다.

예술을 예술로서 규정짓는 과정에서 예술가들은 우편적 체계로 넘어간다. 예술을 규정짓는 전통이나 규칙에서 벗어나 '~일지도 모른다'라는 우편적 체계에서 작업한다는 것은 그들의 작업에 '우연'을 도입하는 것과 관련 있다. 예를 들어 존 케이지John Cage는 모든 소리sound가 음악이 될 수 있다고 생각하여 실생활의 소음 같은 것으로 음악을 만들었다. 케이지를 유명하게 만들어 준 〈4분 33초〉의 경우, 연주자는 4분 33초 동안 아무것도 연주하지 않는다. 이 작품에 악보가 있다는 점에 유의하자. 악보에는 1악장 tacet · 2악장 tacet · 3악장 tacet이라고 적혀 있다(그림 73). 이 작품은 3악장 구조로 되어 있으며, 적힌 tacet이란 기호처럼 연주자는 연주하지 말고 쉬고 있어야 한다. 연주자가 아무것도 연주하지 않는 이 작품에 대한 케이지의 주장은 다음과 같다.

첫째, 이것은 침묵의 작품이 아니다. 4분 33초의 연주는 전통적인 음악 연주에서 들어 본다면 소음으로 여길 수 있는 소리들로 만들어진다. 소음이 있다고 음악을 중단하는 것이 아니라 소음을 음악으로 받아들일 수 있다면, 그것은 현대적인 음악이 된다.

둘째, 그의 주장은 넓게 보면 정치적 예술political art에 관한 것이다. 케이지는 전통적 작품의 가치평

그림 73 존 케이지, 〈4분 33초〉 악보, tacet tacet tacet version, 1960, ⓒ 1960 Henmar Press Inc.

가 체계에 반대한다. 그에 따르면 전통적 작품은 우리로 하여금 주변의 소리에 귀 기울이지 못하게, 그 미적인 성질을 감상하지 못하게 한다. 우리가 만약 음악을 감상하는 것과 마찬가지로 소음을 감상한다면, 소음은 음악의 것만큼 풍부하고 다양한 미적 성질을 우리에게 건네 준다. 케이지는 또한 작곡가 물신주의fetishism에 반대한다. 작품에서 작곡가의 무엇인가를 찾아내고 그것을 높이 평가하는 것에 반대하는 것이다. 그래서 그는 작곡가 자아ego의 모든 흔적을 작품에서 제거하고자 했다. 작곡가는 4분 33초라는 작품의 틀만 제공하고, 어떠한 간섭도 하지 않는

다. 케이지는 자신의 흔적을 없애는 작품을 만들고자 했다.[22]

이러한 생각에서 작곡된〈4분 33초〉에는 연주자가 산출하지 않은 소리들이 포함된다. 이 곡에서 소리는 연주자의 악기에서가 아니라 다른 원천에서 나온다. 청중의 기침 소리 · 웅성대는 소리 · 자연의 바람 소리 · 빗소리(이 곡의 1952년 초연은 뉴욕 우드스톡 야외공연장에서 이루어졌다) 등 모든 소리가 음악이 된다.

존 케이지 본인이 유명 TV쇼에 출연해 선보인〈워터워크Water Walk〉(1960)란 곡은 집안 살림 도구들 · 생활용품과 전자기기에서 나오는 일상생활의 소리들을 포함시킨다(그림 74). 그는 스톱워치를 들고 치밀하게 시간을 재 가며(이 역시 악보가 있는 작품이다) 일상생활의 소리를 연출하지만, 그 결과는 우편적이다. 관

그림 74 존 케이지,〈워터 워크〉, 1960, 3mins, on the popular TV show "I've Got a Secret"

객의 웃는 소리, 불만 어린 소리가 삽입될 수도 있고, 전기 스파크를 일으키며 기기의 파손이 일어나야 될 순간까지 이르지 못할 수도 있다. 그가 만든 이 새로운 음악이 후대 사람들에게 전혀 다른 의도로 해석될 수 있는 가능성도 언제나 있는 것이다.

케이지의 '우연'을 강조하는 작업은 《주역周易》을 따르는 그의 작곡 방식에서도 엿보인다. 케이지는 《주역》을 읽고 여기에 심취해서 음악을 작곡하기 시작했다. 작곡할 때 심사숙고하거나 머리를 쥐어짜서 만들어 내는 것이 아니라, 그는 동전을 던진다. (반드시 동전이어야 하는 것은 아니다. 주사위나 젓가락을 던져도 된다.) 《주역》의 괘는 64개인데, 이 괘에 치밀하게 미리 일상생활의 소리(첫 번째는 바람 소리, 두 번째는 자동차 소리, 세 번째는 기침 소리 등)를 배당해 놓았다. 동전을 던져서 괘를 얻으면* 해당하는 소리를 찾아서 음을 만들고(예를 들어 바람 소리), 다시 괘를 던져 두 번째 음을 만들고(기침 소리), 또 동전을 던져 세 번째 음(기차 소리)을 만든다. 그러면 바람, 기침, 기차 소리로 이어지는 음악이 나온다. 케이지에게는 이 세상 모든 소리

---

* 하나의 동전을 세 번 던지면 8괘 중 하나가 나온다. 동전 앞면을 양, 뒷면을 음이라 하고 세 번 던져 예를 들어 양, 양, 음이 나오면 바람 풍이다. 괘는 두 차례 던져야 하므로 또 세 번 던진다. 그러면 두 개의 괘가 나올 가능성은 8곱하기 8은 64여서 64괘라고 하는 것이다. 이 64괘에서 해당되는 소리를 찾아서 배당하면 작곡이 되는 것이다.

가 음악이므로, 이것도 음악이다.

존 케이지와 협동 작업을 자주 선보인 안무가 머스 커닝햄 Merce Cunningham도 케이지의 이러한 방법에 매료되어 자신의 무용 안무를 같은 방식으로 시도하기도 했다. 한 동작 다음에 나올 동작을 주역으로 결정하는 것이다. 미리 64괘에 무용의 주요 동작을 머리 · 몸통 · 팔 · 다리로 나눠 배당한 뒤 괘의 결과에 따라서 팔을 움직이고, 그 다음에는 몸통을 움직인다거나 하는 방식의 혁신적 무용 안무를 선보였다.*

따라서 케이지와 커닝햄의 우연에 의한 창작은 무의식에 의존하는, 혹은 즉흥적이거나 임의적인 방식과는 다르다. 잭슨 폴록 Jackson Pollock의 '드리핑' 기법, 물감을 흩뿌리는 방법과는 차이가 있는 것이다. 많은 평론가들이 잭슨 폴록의 '추상 표현주의'와 케이지, 커닝햄의 우연 기법과 유사하다고 보는데, 그것은 케이지와 커닝햄의 객관성으로 나아가려는, 무의식으로부터의 단절에 대한 의지를 고려하지 않은 탓이다. 그들은 오히려 뒤샹에게서 영향을 받았다.**

---

* 이러한 우연의 절차에 의한 안무 방식을 처음 실험한 작품이 〈솔로와 트리오를 위한 16가지 춤 Sixteen Dances for Soloist and Company of Three〉이다. 김말복, 《무용예술코드》, 한길아트, 2011, 374쪽.

** 머스 커닝햄은 〈떠도는 시간 Walkaround Time〉(1968)이라는 작품을 뒤샹에게 헌정하기도 했

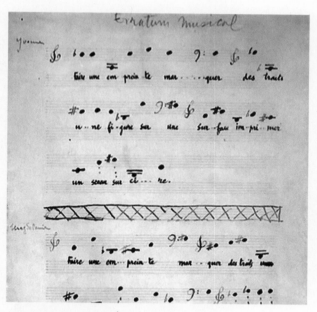

그림 75 마르셀 뒤샹, 〈오류 뮤지컬〉 악보, 1913

일찍이 뒤샹은 우연 기법을 사용한 작곡을 시도했다. 세 명의 목소리를 위한 〈오류 뮤지컬Erratum Musical〉(1913)(그림 75)이 그것이다. 이 작품은 원래 뒤샹이 자신(마르셀Marcel)과 여동생들

다. 이 작품은 뒤샹의 〈큰 유리〉를 무대 세트로 사용했다. 재스퍼 존스Jasper Jons가 무대세트를 맡아 〈큰 유리〉의 일곱 가지 형상을 투명 플라스틱 이동식 구조물에 재현하였다. 무용수들은 커닝햄 안무 특유의 분절되고 추상적인 움직임을 취하며 이 무대장치 사이를 누볐다.

(이본Yvonne과 마들렌Madeleine)을 염두에 두고 쓴 것이다. 각 목소리에 음표를 부여하기 위해, 카드 하나당 하나의 음표가 적힌 25개씩의 카드 세 묶음을 만들었다. 각 묶음을 모자에 넣어 섞은 후, 뒤샹이 모자에서 한 번에 하나씩 카드를 꺼내고, 그 꺼낸 순서대로 지시된 음표들을 받아 적는다. 이는 작곡되고 연주될 때마다 다른 작품이 될 수 있는, 확정된 버전이 없는 작품이라 할 수 있다. 뒤샹은 이렇게 우연을 이용하여 전통적인 '작가' 개념을 흩뜨리고자 했다. 그의 레디메이드 전략도, 우리가 살펴본 〈큰 유리〉 작품에 나타난 과학적 사고도 협소한 예술 개념을 부정하고, 작가의 주관적 사고에서 벗어나 객관으로 나아가기 위함이었다.

케이지와 커닝햄의 우연도 같은 이유에서 출발했다. 그들에게 왜 이러한 방법을 사용하여 창작하는지 물었을 때, 그들은 자신들의 주관성, 본능, 무의식에서 벗어나 더 객관적인 창작을 하고 싶었다고 답했다. 주관성 혹은 전통에 물든 집단무의식(예술은 이러이러해야 한다는 무의식)에서 벗어나 진정한 자유를 맛보고 싶었다고 한다. 우연에 맡김으로써 자유를 얻는다는 것은 매우 역설적으로 들릴지 모르지만, 확실한 것은 이러한 방법으로 개인적인 것, 무의식적인 것, 사회에 의해 길들여진 것, 그러한 수사修辭로부터 벗어날 수 있다는 것이다.

유령과 춤추는 몸

후기 데리다는 '경계적 존재'들에 대한 관심을 본격적으로 드러 낸다. 《마르크스의 유령들》(1993)에서 그는 '유령론hantologie'이라는 신조어를 고안해 낸다.[23] 존재하는 것 일반을 다루는 학문인 존재 론ontologie은 '살아 있지도 죽어 있지도 않은' 유령을 의도적으로 배 제해 왔다. 하지만 데리다에 따르면, 경계적 존재로서 유령과 유 령론은 존재와 존재론의 은폐된 기원이다. 유령은 우리가 양태적 으로 인식하는 과거-현재-미래의 시간과 상관없이 출현한다. 그 림자처럼 실체를 갖추지 못한 비존재적 형태이지만, 어떠한 형상 을 지니고 있기 때문에 비대상적이지는 않다. 요컨대 유령은 현존 하지도 비현존하지도 않는 애매하고 불확정적인 대상이다. 유령 은 출현했다 사라지기를 반복하며 부재의 흔적을 남긴다. 따라서 데리다는 이 유령 개념을 통해 우리 사회의 경계적 존재들에 대한 재고찰이 필요함을 역설했다. 인간만으로 이루어진, 순도 높은 세계에 다른 기원이 있음을, 나와 다른 타자성에 대한 존경을 암 시하는 것이기도 하다.* 하나의 유형에 온전히 들어가지 않는, 경 계 위에 있는 존재들은 오히려 존재와 비존재, 생명체와 비생명체 의 범주를 넘나들며 다양한 효과를 산출하고, 세계를 다른 시선

---

* 존경respect은 유령specter의 철자 변치다.

으로 바라보게 해 준다.

　중요한 사실은 이러한 유령적 존재자들이 우리와 같은 무대에서 활동한다는 점이다. 무대에 반복적으로 등장하고 퇴장하고, 무대 아래와 뒤에서 여러 사람들에게 명령하며 부지런히 활동한다. 유령은 고유성을 가진 존재가 아니라 육체라는 물질 혹은 사물, 즉 '이것'에 불과한 것인데 이처럼 우리의 극에서 중요한 역할을 한다. 《햄릿》에서 선친의 유령에 의해 모든 것이 결정되고 주도되듯이, 우리 삶의 무대에서 우리의 정체성과 고유성을 연기하거나 지우고, 철학과 역사가 추구하는 진리도 비규정적으로 만드는 것이 이러한 유령들이다. 단순히 우리 삶의 부산물이나 결과물로 나타나 버려져야 할 존재들이 아니라, 다시 돌아올 존재들, 나에게 움직이라고 명령하는 힘을 가진 존재들인 것이다.

　머스 커닝햄은 1989년 70세의 나이에 컴퓨터 프로그램을 사용한 안무를 시작했다. 주관성을 배제하고 개인을 넘어선 어떤 것을 추구한다는 기존 노선을 확장한 것이다. 당시 사용한 프로그램은 대학에서 만든 'Life Form'이라는 것이었다.✦ 이 프로

✦ 이렇게 커닝햄은 'Life Form' 프로그램의 발전에 관여하여, 프로그램의 이름을 'Dance Form'으로 바꾸도록 했다.

그램은 인간 형상figure의 윤곽을 3차원 공간에서 그려 내는데, 이 컴퓨터로 처리된 형상들에는 움직일 수 있는 관절이 있어서 회전·점프·도약·구부리기·뻗치기 등이 가능했다. 커닝햄은 컴퓨터 형상의 연속동작을 고안하고, 이것을 단원들에게 시도하게 해서 어떻게 작동하는지를 살폈다. 종종 컴퓨터 형상이 제안한 동작의 연쇄sequence of movement를 무용수들이 실행할 수 없는 경우도 있었다. 그럼에도 이러한 동작의 연쇄는 우리가 이전에는 전혀 생각하지 못했던, 기대하지도 않았던 동작으로 이끌기도 했다. 무용단원들이 습관적으로 하는 동작, 편안하게 여기는 것들의 바깥으로 나아가도록 요청하는 것이 컴퓨터 형상, 즉 물질로 된 영상인 것이다.

커닝햄은 80세의 나이에 컴퓨터 기술자들과 협력한 모션캡처Motion Capture 기술을 사용해서 〈바이패드Biped〉(1999) 무대(그림 76)를 만들어 냈다. 여기서 모션캡처는 인간의 동작을 디지털 형태로 기록하여 마치 살아 움직이는 것처럼 보이게 했다. 〈바이패드〉는 이러한 컴퓨터가 만든 시각적 형상을 무용단원들과 함께 무대에서 선보인 최초의 작품이었다. 실제로는 무대 앞에 얇고 투명한 막을 쳐서 그곳에 형상을 투사한 것이다. 처음에 무용수들은 어두운 공간에서 불현듯 등장하는 디지털 형상들과 함께 춤을 추어야 한다는 사실에 당황함을 느꼈다고 한다. (원래 커닝햄은 최종 리허설 직전까지 무대장치나 음악을 무용수들

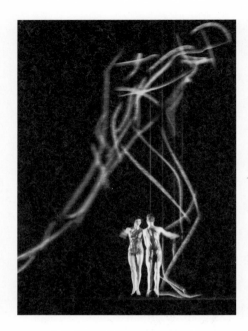

그림 76
머스 커닝햄 안무, 〈바이패드〉,
1999

에게 공개하지 않는다. 이는 무용수들의 동작이 음악이나 무대장치에
종속되지 않도록 하기 위함이다.[24] 커닝햄의 안무 방식에 익숙해
있던 무용수들일지라도 불쑥 튀어나왔다가 사라지는 모션캡쳐
는 마치 지옥에 와 있는 듯한, 죽음을 경험하는 것과 같은 경험
이었을 것이라고 어느 무용 평론가는 말했다.[25] 아마도 당시로
는 최첨단이었을 이러한 테크놀로지를 보는 관객도 어둠 속에
서 비슷한 감정을 느꼈을 것이다.

게다가 원래 커닝햄 작품은 스토리도, 주인공도, 명백한 정서의 표현도 없다. 무용수들은 무대에 함께 있거나, 서로 파트너가 될 수 있지만, 그때의 부드러움이나 격렬함은 동작에서 나오는 것이지 스토리라인이나 정서에서 표출되는 것이 아니다. 무용에서 정서적 표현을 기대한 전통적인 관객은 커닝햄의 작품을 견디지 못하고 일어나 퇴장하거나 야유를 퍼붓곤 했다. 토마토를 집어던지기도 했다. 그러나 마지막 작품까지 커닝햄은 기계가 안무하는 무용을 내세우고, 무용가들을 유령과 같은 형상과 함께 춤을 추게 함으로써, 무용을 무용으로 만들어 주는 것이 무엇인지 새롭게 돌아볼 것을 요구했다. 유령과 함께 춤추는 이 작품은 오늘날 우리가 미디어 퍼포먼스에서 자주 만나게 되는 형식의 효시가 되었다.

이렇듯 얼굴 복제/중첩하기, 얼굴 지우기, 얼굴 대체하기, 얼굴 뒤섞기의 양상으로 나타난 예술에서의 소멸하는 얼굴 표현은 물질세계와의 광범위한 접속에서 인간-비인간의 변주들을 생성한다. 근대적 주체에서 특권을 부여받았던 인간 대신에 비인간 사물의 얼굴이 떠오르게 된 것이다. 이를 데리다의 용어를 빌려 설명하자면, 인간의 얼굴에 태초부터 있었던 잔해, 즉 타자성과 만나면서 '나'라는 얼굴이 형성된 것이라 하겠다. 나와 타자의 얼굴을 담는 프레임은 고정된 것이 아니라, 열림과 닫힘이 반복적으로 지속되면서 그 과정에서 나와 타자의 만남의 흔적이 그려지고 지워지기를 반복한다.

결국 인간의 정체성이라는 것이 '우편적'이라는 것, 즉 비인간 타자들과의 수많은 관계 맺음과 연속된 미끄러짐을 거치며 결국 자기동일성을 지닌 나에게로 다시 돌아오지 않을 수 있다는 점을 인정해야만 한다. 이렇게 '나'란 무엇인가, '인간'이란 어떤 존재인가라는 질문도 결국은 '너', '비인간'의 선先존재성을 인정하지 않고서는 불가능한 것이다. 나는 너와, 인간은 비인간 사물과의 관계성 아래에서 자격을 부여받으며, 부여받은 자격도 프레임으로 고정되지 않고 열려진 채로 유동한다. 존재와 비존재 사이, 시간과 공간을 초월하여 존재하는, 또는 언제 어디서든 편재할 수 있는 '유령'이 '존재'의 근원이자 '존재'에게 명령하는 법으로 군림하는 것도 그러한 이유에서다. 이러한 '나'와 '인간'의 정체성에 대한 철학적 질문들은 "예술이란 무엇인가", "미술, 음악, 연극, 무용 각 장르의 고유성을 결정해 주는 것은 무엇인가"와 같은 질문에도 똑같이 적용될 수 있다.

이 같은 질문들에 대한 대답은 결국 경계적 존재들, 그동안 버려지고, 무용한 것이라 여겨지고 망각된 것들에 대한 윤리적 책임으로 귀결된다. 즉, 그들의 얼굴이 스스로 드러나게끔, 우리는 그들과 평평한 존재론을 이루고 살아감을 자각해야 하는 것이다.

1장 독신자기계의 탄생

그림 1. 마르셀 뒤샹, 〈샘〉, 1917, 사기로 만든 소변기, 60cm(h)

그림 2. 마르셀 뒤샹, 〈발랄한 과부〉, 1920, 페인트칠한 나무 창문, 검정 가죽으로 덮인 유리판, 77.5×44.8cm, 뉴욕 현대미술관

그림 3. 만 레이, 〈에로즈 셀라비(마르셀 뒤샹)〉, 1921, 젤라틴 실버프린트, 17.8×13.3cm, 필라델피아 미술관

그림 4. 만 레이, 〈시네-스케치: 아담과 이브(마르셀 뒤샹과 브로니아 페를무테르), 1924, 젤라틴 실버프린트, 11.6×8.7cm, 필라델피아 미술관

그림 5. 마르셀 뒤샹, 〈그녀의 독신자들에 의해 발가벗겨진 신부, 조차도〉, 1915-1923, 두 개의 유리판에 유화, 니스, 납 호일, 납 철사, 먼지, 277.5×177.8×8.6cm, 필라델피아 미술관

그림 6. 마르셀 뒤샹, 〈큰 유리〉 세부

2장 문학×독신자기계

그림 7. 만 레이, 〈이시도르 뒤카스의 수수께끼〉, 1920/1972, 50×57×22cm, 천, 로프, 보이지 않는 오브제, 호주 국립미술관

그림 8. 알렉상드르 지엘, 〈카프카의《유형지에서》도해〉, 1975, in: Michel Carrouges, *Les Machines célibataires*, Paris: Chêne, 1976

그림 9. 〈아프리카의 인상〉 연극 장면, 앙투안 극장, 1912

그림 10. 알렉상드르 지엘, 〈루셀의《로쿠스 솔루스》도해〉, 1975, in: Michel Carrouges, *Les Machines célibataires*, Paris: Chêne, 1976

그림 11. 자크 카렐망, 《로쿠스 솔루스》의 다이아몬드 수조〉 모형, 1975

그림 12. 알렉상드르 지엘, 〈자리의《초남성》도해〉, 1975, in: Michel Carrouges, *Les*

트 갤러리

그림 46. 로즈마리 트로켈, 〈무제(페인팅 기계)〉, 1990, 기계: 철, 파티클 보드, 펠트, 브러시 등, 257×76×115cm, 드로잉: 56번의 붓질, 1990, 캔버스 위 일본 종이에 잉크, 각 139.5×69.5cm

그림 47. 레베카 호른, 〈프러시안 독신녀기계〉, 1988, 프러시안블루물감, 신부구두, 철 구조물, 붓, 모터, 350×120×59cm

그림 48. 레베카 호른, 〈연인들〉, 1991, 갤러리 드 프랑스 설치정경, 파리, 2003. Courtesy and ©the artist; and ProLitteris, Zürich.

그림 49. '딥드림'이 특정 회화 스타일을 적용한 경우

그림 50. '넥스트 렘브란트'가 그린 초상화, 2016

그림 51. 마리오 클링게만, 〈행인의 기억 I〉, 2018, GANs, 두 개의 4k 스크린, AI 브레인과 추가 하드웨어를 감춘 수제 밤나무 콘솔

그림 52. CAN이 창작한 그림들

그림 53. 콜렉티브 오비어스, 〈에드먼드 벨라미 초상〉, 2018, GANs, 캔버스에 잉크젯 프린트, 70×70cm

에필로그_얼굴 없는 시대의 미학

그림 54. 앤디 워홀, 〈여덟 엘비스〉, 1963, 캔버스에 실크스크린, 200×370cm

그림 55. 앤디 워홀, 〈자화상〉, 1964, 캔버스에 아크릴과 실크스크린, 101.6×81.3cm

그림 56. 렘브란트 반 레인, 〈포목상 조합 이사들〉, 1662, 캔버스에 유채, 191.5×279cm, 암스테르담 국립미술관

그림 57. 기타노 켄, 〈우리의 얼굴〉, 2010, 젤라틴 실버프린트, 35.56×27.94cm

그림 58. 베허 부부, 〈급수탑(뉴욕)〉, 1978-1989, 9장의 젤라틴 실버프린트, 40×30cm © 1980 Bernd and Hilla Becher

그림 59. 아지즈+쿠처, 〈디스토피아(크리스)〉, 1996, c-type 프린트, 95×76cm

그림 60. 만 레이, 〈흑과 백〉, 1926, 젤라틴 실버프린트, 21.6×27.3cm

그림 61. 아지즈+쿠처, 〈만 레이를 따라서〉, 1996, c-type 프린트, 28×35.5cm

그림 62. 프란체스카 우드만, 〈집 #3, 프로비던스, 로드아일랜드〉, 1976, 젤라틴 실버

프린트, Courtesy George and Betty Woodman

그림 63. 프란체스카 우드만, 〈무제, 맥도웰 콜로니, 피터버러, 뉴햄프셔〉, 1980, 젤라틴 실버프린트, 20.3×25.4cm

그림 64. 랄프 유진 미트야드, 〈앰브로즈 비어스 Ambrose Bierce〉, 1964, 젤라틴 실버프린트, 33×25.4cm, Courtesy Fraenkel Gallery

그림 65. 마누 룩스, 〈얼굴 없는〉, film, 50min, Digibeta; Dolby 5.1 surround sound

그림 66. 아르눌프 라이너, 〈무제 (얼굴 익살극Face Farce)〉, 1971, 종이에 흑백사진, 왁스 크레용과 수채, 59×41.7cm

그림 67. 아르 오리엔테 오브제, 〈아마도 말이 내 안에 살고 있을지도 몰라〉, 2011, still from HD video: 24min

그림 68. 낸시 버슨, 〈진화 II〉, 1984, 젤라틴 실버 프린트, 17.7×18.3cm

그림 69. 자크 데리다, 《눈먼 자들의 기억: 자화상과 다른 잔해들》, 1991

그림 70. 조셉 브누아 쉬베, 〈드로잉 예술의 탄생〉, 1791, 캔버스에 유채, 267×131.5cm, 브뤼헤 그뢰닝게 미술관

그림 71. 사무엘 베케트, 〈나는 아니야〉, 1972/1977, 싱글 채널 비디오, 흑백, 사운드, 11min 52s, MACBA Collection

그림 72. 매튜 파리스, 〈우편엽서〉, in: Jacques Derrida, *La Carte postale*, Paris: Flammarion, 1980

그림 73. 존 케이지, 〈4분 33초〉 악보, tacet tacet tacet version, 1960, © 1960 Henmar Press Inc.

그림 74. 존 케이지, 〈워터 워크〉, 1960, 3mins, on the popular TV show "I've Got a Secret"

그림 75. 마르셀 뒤샹, 〈오류 뮤지컬〉 악보, 1913

그림 76. 머스 커닝햄 안무, 〈바이페드〉, 1999

참고문헌

국내 단행본

김말복,《무용예술코드》, 한길아트, 2011.

게오르크 짐멜,《짐멜의 모더니티 읽기》, 새물결, 2006.

다니엘 파울 슈레버,《한 신경병자의 회상록》, 김남시 옮김, 자음과 모음, 2010.

레이몽 루셀,《로쿠스 솔루스》, 오종은 옮김, 이모션 북스, 2014.

_____,《아프리카의 인상》, 송진석 옮김, 문학동네, 2019.

_____,《로쿠스 솔루스》, 송진석 옮김, 문학동네, 2020.

로널드 보그,《들뢰즈와 음악, 회화, 그리고 일반예술》, 사공일 옮김, 동문선, 2006.

로라 커밍,《자화상의 비밀》, 김진실 옮김, 아트북스, 2018.

로트레아몽,《말도로르의 노래》, 황현산 옮김, 문학동네, 2018,

롤랑 바르트,《밝은 방》, 김웅권 옮김, 동문선, 2006.

매슈 애프런 외,《마르셀 뒤샹》, 현실문화연구, 2018.

미셸 푸코,《감시와 처벌》, 오생근 옮김, 나남, 1995.

_____,《성의 역사 2: 쾌락의 활용》, 문경자 · 신은영 옮김, 나남, 1997.

미셸 푸코 외,《자기의 테크놀로지》, 이희원 옮김, 문예출판사, 1997.

발터 벤야민,《보들레르의 작품에 나타난 제2제정기의 파리보들레르의 몇 가지 모티
    프에 관하여 외》, 김영옥 · 황현산 옮김, 길, 2005.

베레나 크리거,《예술가란 무엇인가》, 조이한 · 김정근 옮김, 휴머니스트, 2010.

아리스토텔레스,《관상학》, 김재홍 옮김, 길, 2014.

알프레드 자리,《파타피지크 학자 포스트롤 박사의 행적과 사상: 신과학소설》, 이지원
    옮김, 워크룸프레스, 2019.

앤디 워홀,《앤디 워홀의 철학》, 김정신 옮김, 미메시스, 2018.

에릭 홉스봄,《파열의 시대》, 이경일 옮김, 까치, 2015.

자크 데리다,《마르크스의 유령들》, 진태원 옮김, 그린비, 2007.

장 보드리야르,《사라짐에 대하여》, 하태환 옮김, 민음사, 2012.

조수진, 《퍼포먼스 아트》, 서강대학교 출판부, 2019.

존 케이지, 《사일런스: 존 케이지의 강연과 글》, 나현영 옮김, 오픈하우스, 2013.

질 들뢰즈 · 펠릭스 가타리, 《천개의 고원: 자본주의와 분열증 2》, 김재인 옮김, 새물결, 2003.

＿＿＿, 《안티 오이디푸스: 자본주의와 분열증》, 김재인 옮김, 민음사, 2014.

＿＿＿, 《카프카: 소수적인 문학을 위하여》, 이진경 옮김, 동문선, 2001.

질 들뢰즈, 《프루스트와 기호들》, 서동욱 · 이충민 옮김, 민음사, 1997.

＿＿＿, 《감각의 논리》, 하태환 옮김, 민음사, 2008.

팸 미첨 · 줄리 셸던, 《현대미술의 이해》, 이민재 · 황보화 옮김, 시공아트, 2004.

프란츠 카프카, 《변신 · 유형지에서(외)》, 박환덕 옮김, 범우, 2014.

한스 울리히 오브리스트, 《큐레이팅의 역사》, 송미숙 옮김, 미진사, 2013.

국내 논문

김재인, 〈인공지능은 예술 작품을 창작할 수 있을까?〉, 유현주 엮음, 《인공지능시대의 예술》, 도서출판 b, 2019.

박인찬, 〈사물의 시대에 오신 것을 환영함: 포스트휴머니즘의 새 접근〉, 《현대영미소설》 24권 2호 2017, 183-202쪽.

이임수, 〈인공지능 시대 예술의 패러다임 전환: 모더니즘 이후 매체 개념의 변화와 에이전트로서의 예술 매체 등장〉, 《현대미술사연구》 48, 2020, 215-242쪽.

이재준, 〈얼굴과 사물의 인상학: 근대 신경과학과 과학미디어에서 기계의 표현을 중심으로〉, 《미술이론과 현장》 22, 2016, 62-85쪽.

정은영, 〈마르셀 뒤샹의 엥프라멩스 탐구에 대한 고찰〉, 《미술이론과 현장》 25, 2018, 105-138쪽.

천수원, 〈프란시스 피카비아의 기계화 연구〉, 《미술사연구》 11, 1997, 199-224쪽.

한의정, 〈강박의 박물관: 하랄트 제만과 아웃사이더 아트〉, 《현대미술사연구》, 제46집, 2019, 7-35쪽.

허정아, 〈기호로서의 기계이미지와 현대적 시각성: 뒤샹과 피카비아의 작품을 중심으로〉,《기호학연구》 25, 2009, 571-598쪽.

외국 단행본

Apollonio, Umbro (ed.), *Futurist Manifestos*, Robert Brain · R.W.Flimt · J.C.Higgit · Caroline Tidall(trans.), London: Thames and Hudson, 1973.

Beckett, Samuel, *First Love and Other Shorts*, New York: Groove Press, 2007.

Beckett, Samuel, *Three Novels: Molloy, Malone Dies, The Unnamable*, New York: Groove Press, 1965.

Brotchie, Alistair(ed.), *A True History of the College of 'Pataphysics'*, Paul Edwards(trans), London: Atlas Press, 1995.

Cabanne, Pierre, *Dialogues with Marcel Duchamp*, New York: Viking Press, 1971.

Camfield, William A., *Marcel Duchamp: Fountain, Houston*, TX: Houston Fine Art Press, 1989.

Carrouges, Michel, *Les machines célibataires*, Paris: Le Chêne, 1975.

Cassou, Jean (ed.), *2 Kinetic Sculptors: Nicolas Schöffer and Jean Tinguely*, New York: October House Inc., 1966.

Deleuze, Gilles & Claire Parnet, *Dialogues*, Pairs: Flammarion, 1996.

Derrida, Jacques, *La Carte postale: de Socrate à Freud et au-delà*, Paris: Flammarion, 1980.

Derrida, Jacques, *Mémoires d'aveugle: l'autoportrait et autres ruines*, Paris: RMN, 1990.

Derrida, Jacques, *La Vérité en peinture*, Paris: Flammarion, 2010.

Dohm, Katharina et al. (eds.), *Kunstmaschinen Maschinenkunst/ Art Machines Machine Art*, exhibition catalog, Heidelberg: Kehrer, 2007.

Dooley, Mark · Liam Kavanagh, *The Philosophy of Derrida*, Stocksfield: Acumen, 2007.

Dorléac, Laurence Bertrand · Jérôme Neutres, *Artistes & Robots*, exhibition catalog, Paris: RMN, 2018.

Dorléac, Laurence Bertrand, *L'ordre sauvage: violence, dépense et sacré dans l'art des années 1950-1960*, Paris: Gallimard, 2004.

Duchamp, Marcel, *Salt Seller: The Writings of Marcel Duchamp (Marchand du Sel)*, Michel Sanouillet and Elmer Peterson (eds.), New York: Oxford University Press, 1973.

_____, *Notes*. Paul Matisse (ed. & trans.), Boston: G.K.Hall, 1983.

Flusser, Vilém, Standpunkte, *Texte zur Fotograie*, Göttingen: European Photography, 1998.

Fol, Carine, *From Art Brut to Art without Boundaries*, Milano: Skira, 2015.

Fréchuret, Maurice, *La Machine à peindre*, Marseille: Éditions Jacqueline Chambon, 1994.

Henderson, Linda Dalrymple, *Duchamp in context*, Princeton, New Jersey: Princeton University Press, 1998.

Henderson, Linda Dalrymple, *Duchamp in Context: Science and Technology in the "Large Glass" and Related Works*, Princeton: Princeton University Press, 1998.

Hugill, Andrew, *Pataphysics: A Useless Guide*, Cambridge, MA: The MIT Press, 2012.

Jarry, Alfred, *Le Surmâle: roman moderne*, Paris: Édition de la Revue blanche, s.d., 1902.

Jones, Amelia (ed.), *The Feminism and Visual Culture Reader*, London; New York: Routledge, 2003.

Jones, Amélia, *Postmodernism and the En-gendering of Marcel Duchamp*, Cambridge, UK: Cambridge University Press, 1994.

Le Bot, Marc, *Francis Picabia et la crise des valeurs figuratives 1900-1925*, Paris: Editions Klincksieck, 1968.

Le Bot, Marc, *Peinture et Machinisme*, Paris: Ilinsieck, 1973.

Léger, Fernand, *Function of Painting*, Alexandra Anderson(trans.), New York: The Viking Press, 1973.

Leroi-Gourhan, *André Le geste et la parole, Technique et language*, vol. 1, Paris: Albin

Michel, 1964.

Lyotard, Jean-François, *Les Transformateurs Duchamp*, Paris: Galilée, 1977.

Pliny the Elder, *Natural History XXXV*, Harris Rackham (trans), London: William Heinemann, 1952-1961

Sanouillet, Michel · Elmer Peterson (eds.), *The Writings of Marcel Duchamp*, New York: Da Capo Press, 1988.

Stiles, Kristine · Peter Selz (eds.), *Theories and Documents of Contemporary Art: A Sourcebook of Artists' Writings*, Bereley: University of California Press, 1996.

Szeemann, Harald et al., *Ecrire les expositions*, Bruxelles: La Lettre volée, 1996.

Szeemann, Harald et al., *Junggesellenmaschinen/Les Machine célibataires*, Venice: Alfieri, 1975.

Tomkins, Calvin, *The Bride and the Bachelors: 5 Masters of the Avant Garde*, New York: The Viking Press, 1968.

외국 논문

Dils, Ann, "The Ghost in the Machine: Merce Cunningham and Bill T. Jones", *A Journal of Performance and Art*, vol. 24, issue 1, 2002, pp. 94-104.

Manovich, Lev, "Wer ist der AutorSampling/Remixen/Open Source", *Black Box-White Cube*, Berlin: Merve-Verlag, 2005.

Pepper, Ian, "From the "Aesthetics of Indifference" to "Negative Aesthetics": John Cage and Germany 1958-1972", *October*, 82, Autumn 1997, pp. 30-47.

필자는 이 책의 저술 과정에서 국내 학술지에 발표했던 기존 글의 일부 내용을 수정, 보완하였다. 책의 출간을 허락해 주신 아래의 학회와 기관에 감사드린다.
현대미술사학회, 한국미학예술학회, 숙명인문학연구소, 강원대학교 인문과학연구소, 명지대학교 인문과학연구소

들어가며

1. 알프레드 자리, 《파타피지크 학자 포스트롤 박사의 행적과 사상: 신과학소설》, 이지원 옮김, 워크룸프레스, 2019, 37쪽.
2. Andrew Hugill, *Pataphysics:A Useless Guide*, Cambridge, MA: The MIT Press, 2012, p. 8.
3. Alistair Brotchie(ed.), *A True History of the College of Pataphysics*, Paul Edwards(trans), London: Atlas Press, 1995, p. 77.
4. Marcel Duchamp, "The Great Trouble with Art in This Century" an interview with J. J. Sweeney(1946), in: Michel Sanouillet · Elmer Peterson (eds.), *The Writings of Marcel Duchamp*, New York: Da Capo Press, 1988, p. 126.
5. Pierre Cabanne, *Dialogues with Marcel Duchamp*, New York: Viking Press, 1971, p. 33. 뒤샹이 특히 관심 있었던 《아프리카의 인상》의 기계들에 대해서는 Linda Dalrymple Henderson, *Duchamp in context*, Princeton, New Jersey: Princeton University Press, 1998, p. 53을 참고하라.

1장 독신자기계의 탄생

1. William A. Camfield, *Marcel Duchamp:Fountain*, Houston, TX: Houston Fine Art Press, 1989, p. 183.
2. Amélia Jones, *Postmodernism and the En-gendering of Marcel Duchamp*, Cambridge, UK: Cambridge University Press, 1994, p. 132.
3. Marcel Duchamp, "A propos of 'Readymades'", 1961년 10월 19일 뉴욕현대미술관 강연, Art and Artists 1, no. 4 (July 1966), p. 47: 매슈 애프런 외, 《마르셀 뒤샹》, 현실문화연구, 2018, 152쪽에서 재인용.
4. Marcel Duchamp, "A propos of 'Readymades'", p. 47: 매슈 애프런 외, 《마르셀 뒤샹》, 153쪽에서 재인용.
5. Amelia Jones (ed.), *The Feminism and Visual Culture Reader*, London; New York: Routledge, 2003.
6. Marcel Duchamp, *Notes*. Paul Matisse(ed. & trans.), Boston: G.K.Hall, 1983, note 193.

7   매슈 애프런 외, 《마르셀 뒤샹》, 93쪽.

8   Linda Dalrymple Henderson, *Duchamp in Context: Science and Technology in the "Large Glass" and Related Works*, Princeton: Princeton University Press, 1998, pp. 98-120.

9   Marcel Duchamp, "The Green Box", in: *Marcel Duchamp, Salt Seller: The Writings of Marcel Duchamp* (Marchand du Sel), Michel Sanouillet and Elmer Peterson (eds.), New York: Oxford University Press, 1973. p. 68.

10   Jean-François Lyotard, *Les Transformateurs Duchamp*, Paris: Galilée, 1977, p. 17.

11   Jean-François Lyotard, *Les Transformateurs Duchamp*, p. 92.

2장 문학 X 독신자기계

1   Michel Carrouges, *Les machines célibataires*, Paris: Le Chêne, 1975 (1er edition: Arcannes, 1954)

2   Michel Carrouges, *Les machines célibataires*, pp. 27-29.

3   로트레아몽, 《말도로르의 노래》, 황현산 옮김, 문학동네, 2018, 248쪽.

4   황현산, 〈동시에 또는 끝없이 다 말하기〉, in: 로트레아몽, 《말도로르의 노래》, 294쪽.

5   로트레아몽, 《말도로르의 노래》, 278-281쪽.

6   Michel Carrouges, "Mode d'emploi", in: *Harald Szeemann et al., Junggesellenmaschinen/Les Machine célibataires*, Venice: Alfieri, 1975, p. 22.

7   Michel Carrouges, "Mode d'emploi", p. 25.

8   Michel Carrouges, *Les machines célibataires*, pp. 30-31.

9   프란츠 카프카, 《변신》, in: 프란츠 카프카, 《변신 · 유형지에서(외)》, 박환덕 옮김, 범우, 2014, 89쪽.

10   프란츠 카프카, 《변신》, 128-129쪽.

11   프란츠 카프카, 《변신》, 89쪽.

12   레몽 루셀, 《아프리카의 인상》, 송진석 옮김, 문학동네, 2019, 115-116쪽.

13   레몽 루셀, 《아프리카의 인상》, 30-31쪽.

14   레몽 루셀, 《아프리카의 인상》, 14-15쪽.

15   레몽 루셀, 《아프리카의 인상》, 31-32쪽.

16   레몽 루셀, 《아프리카의 인상》, 33쪽.

17   레몽 루셀, 〈나는 내 책 몇 권을 어떻게 썼는가〉, in: 레몽 루셀, 《아프리카의 인상》, 360-361쪽,

18   레몽 루셀, 〈나는 내 책 몇 권을 어떻게 썼는가〉, in: 레몽 루셀, 《아프리카의 인상》,

372-373쪽.

[19] 레몽 루셀, 《로쿠스 솔루스》, 송진석 옮김, 문학동네, 2020, 31-60쪽; 레이몽 루셀, 《로쿠스 솔루스》, 오종은 옮김, 이모션 북스, 2014, 37-70쪽.

[20] 레이몽 루셀, 《로쿠스 솔루스》, 오종은 옮김, 73-128쪽 참조. Michel Carrouges, "Qu'est-ce qu'une machine célibataire?", in: H. Szeemann et al., *Junggesellenmaschinen/ Les Machine célibataires*, p. 30.

[21] Alfred Jarry, *Le Surmâle: roman moderne*, Paris: Édition de la Revue blanche, s.d., 1902; https://fr.wikisource.org/wiki/Le_Surm%C3%A2le/5 (검색일: 2022.01.22.)

[22] https://fr.wikisource.org/wiki/Le_Surm%C3%A2le/14 (검색일: 2022.01.22.)

[23] 알프레드 자리, 《파타피지크 학자 포스트롤 박사의 행적과 사상》, 135-136쪽.

[24] 레몽 루셀, 《아프리카의 인상》, 158-167쪽.

3장 미술 X 기계인간

[1] Harald Szeemann et al., *Junggesellenmaschinen/Les Machine célibataires*, p. 10.

[2] Harald Szeemann et al., *Ecrire les expositions, Bruxelles: La Lettre volée*, 1996, p. 72.

[3] 베른 쿤스트할레(1975.7.5.-8.17.) · 베니스 비엔날레(1975.9.7.-10.30.) · 브뤼셀 팔레 데 보자르(1975.10.17.-1976.1.18.) · 뒤셀도르프 시립 쿤스트할레(1976.2.17.-3.28.) · 파리 장식미술관(1976.4.28.-7.5.) · 스웨덴 말뫼 미술전시관(1976.9.1.-10.17.) · 암스테르담 시립미술관(1976. 11.20.-1977.1.2.) · 오스트리아 빈 20세기 미술관(1977.2.2.-2.28)

[4] 질 들뢰즈 · 펠릭스 가타리, 《안티 오이디푸스: 자본주의와 분열증》, 김재인 옮김, 민음사, 2014; 다니엘 파울 슈레버, 《한 신경병자의 회상록》, 김남시 옮김, 자음과 모음, 2010 참고.

[5] Harald Szeemann, "Une siegt der Wahn, so muß die Kunst: Mehr inhalieren," *Von einer Welt zur andern: Kunst von Aussenseitern in Dialog, exhibition catalog* (Cologne: Dumont Buchverlag, 1990), p. 69: Carine Fol, *From Art Brut to Art without Boundaries*, p. 140에서 재인용.

[6] Carine Fol, *From Art Brut to Art without Boundaries*, p. 140.

[7] Interview with Catherine Millet, in: Harald Szeemann et al., *Ecrire les expositions*, p. 106. 제만의 전시에서 정신질환자 아티스트들의 중요성에 대해서는 한의정, 〈강박의 박물관: 하랄트 제만과 아웃사이더 아트〉, 《현대미술사연구》, 제46집, 2019, 7-35쪽을 참고하라.

8   질 들뢰즈 · 펠릭스 과타리, 《안티-오이디푸스: 자본주의와 분열증》, 47-49쪽.

9   Marc Le Bot, *Peinture et Machinisme*, Paris: Ilinsieck, 1973, p. 210.

10 Filippo Tommaso Marinetti, "The Founding and Manifesto of Futurism"(1909), Umbro
    Apollonio(ed.), *Futurist Manifestos*, Robert Brain · R.W.Flimt · J.C.Higgit · Caroline
    Tidall(trans.), London: Thames and Hudson, 1973, p. 21.

11 Umberto Boccioni, "Technical Manifesto of Futurist Sculpture"(1912), *Futurist
    Manifestos*, p. 62.

12 Umberto Boccioni, "Technical Manifesto of Futurist Sculpture," p. 62.

13 Fernand Léger, "The Machine Aesthetic: The Manufactured Object, the Artisan, and
    the Artist"(1924), in: *Fernand Léger, Function of Painting*, Alexandra Anderson(trans.),
    New York: The Viking Press, 1973, pp. 58-59.

14 Fernand Léger, "The Machine Aesthetic: Geometric Order and Truth"(1925), in:
    Functions of Painting, p. 62.

15 팸 미첨 · 줄리 셸던, 《현대미술의 이해》, 이민재 · 황보화 옮김, 시공아트, 2004,
    194-195쪽.

16 Marc Le Bot, *Francis Picabia et la crise des valeurs figuratives 1900-1925*, Paris: Editions
    Klincksieck, 1968, p. 125.

17 허정아, 〈기호로서의 기계이미지와 현대적 시각성: 뒤샹과 피카비아의 작품을 중심
    으로〉, 《기호학연구》 25, 2009, 579쪽.

18 천수원, 〈프란시스 피카비아의 기계화 연구〉, 《미술사연구》 11, 1997, 21-22쪽.

19 Harald Szeemann, *Junggesellemmaschinen/Les machines célibataires*, p. 218.

20 알프레드 자리, 《파타피지크 학자 포스트롤 박사의 행적과 사상: 신과학소설》, 129-
    130쪽; 레몽 루셀, 《아프리카의 인상》, 158-167쪽.

21 레이몽 루셀, 《로쿠스 솔루스》, 37-70쪽.

22 Maurice Fréchuret, *La Machine à peindre*, Marseille: Éditions Jacqueline Chambon,
    1994, pp. 115-123.

23 Justin Hoffmann, "Artist Becomes Machine Becomes Artist", *Kunstmaschinen
    Maschinenkunst/ Art Machines Machine Art*, p. 30.

24 Laurence Bertrand Dorléac · Jérôme Neutres, *Artistes & Robots*, exhibition catalog, Paris:
    RMN, 2018, p. 64.

25 샘 헌터Sam Hunter가 《2명의 키네틱 조각가들》(1966) 전시에서 팅겔리 작품을
    반反기계로 정의했다. Jean Cassou (ed.), *2 Kinetic Sculptors: Nicolas Schöffer and Jean
    Tinguely*, New York: October House Inc., 1966, pp. 8-11.

26 Calvin Tomkins, *The Bride and the Bachelors: 5 Masters of the Avant Garde*, New York: The

Viking Press, 1968, p. 164.

27 Laurence Bertrand Dorléac, *L'ordre sauvage: violence, dépense et sacré dans l'art des années 1950-1960*, Paris: Gallimard, 2004, p.244. 〈메타-마틱 n.17〉은 음악과 향기까지 동시에 생산하며 공감각적 예술의 가능성까지 보여 주었다. Maurice Fréchuret, *La Machine à peindre*, p. 145.

28 베레나 크리거, 《예술가란 무엇인가》, 조이한 · 김정근 옮김, 휴머니스트, 2010, 304쪽.

29 Gilles Deleuze & Claire Parnet, *Dialogues*, Pairs: Flammarion, 1996, p. 125.

30 Lev Manovich, "Wer ist der Autor ? Sampling/Remixen/Open Source", *Black Box-White Cube*, Berlin: Merve-Verlag, 2005, p. 12.

31 미셸 푸코, 《성의 역사 2: 쾌락의 활용》, 문경자 · 신은영 옮김, 나남, 1997, 25쪽.

32 질 들뢰즈, 《프루스트와 기호들》, 서동욱 · 이충민 옮김, 민음사, 1997, p. 230.

에필로그_얼굴 없는 시대의 미학

1 발터 벤야민, 〈보들레르의 몇 가지 모티프에 관하여〉, 《보들레르의 작품에 나타난 제2제정기의 파리보들레르의 몇 가지 모티프에 관하여 외》, 김영옥 · 황현산 옮김, 길, 2005, 199쪽.

2 장 보드리야르, 《사라짐에 대하여》, 하태환 옮김, 민음사, 2012, 33-35쪽.

3 미셸 푸코, 《성의 역사 2: 쾌락의 활용》, 25쪽; 미셸 푸코 외, 《자기의 테크놀로지》, 이희원 옮김, 문예출판사, 1997, 38-49쪽 참고.

4 이에 대해서는 질 들뢰즈 · 펠릭스 가타리, 《천개의 고원: 자본주의와 분열증 2》, 김재인 옮김, 새물결, 2003, 340쪽을 보라.

5 질 들뢰즈 · 펠릭스 가타리, 《천개의 고원》, 323쪽.

6 게오르크 짐멜, 《짐멜의 모더니티 읽기》, 새물결, 2006, 51쪽.

7 롤랑 바르트, 《밝은 방》, 김웅권 옮김, 동문선, 2006, 22쪽.

8 미셸 푸코, 《감시와 처벌》, 오생근 옮김, 나남, 1995, 206쪽; 마누 룩스의 〈Faceless〉에 대한 정보는 http://www.manuluksch.com/project/faceless/를 참고(2021년 12월 1일 최종접속).

9 질 들뢰즈, 《감각의 논리》, 하태환 옮김, 민음사, 2008, 175-180쪽 참고.

10 돌발흔적은 비의미적이고 비재현적인 선들 · 지역들 · 흔적들 · 얼룩들로 감각적인 영역을 연다. 질 들뢰즈, 《감각의 논리》, 140-141쪽.

11 Vilém Flusser, "Nancy Burson-Chimären", in: *Vilém Flusser, Standpunkte, Texte zur Fotograie*, Göttingen: European Photography, 1998, p. 147.

12   Jacques Derrida, *Mémoires d'aveugle: L'autoportrait et autres ruines*, Paris: RMN, 1990, p. 69.

13   Jacques Derrida, *Mémoires d'aveugle*, p. 72.

14   Pliny the Elder, *Natural History* XXXV, Harris Rackham (trans), London: William Heinemann, 1952-1961.

15   Pliny, *Natural History* XXXV, 43.

16   Jacques Derrida, *La Vérité en peinture*, p. 11.

17   Samuel Beckett, *First Love and Other Shorts*, New York: Groove Press, 2007, p. 135.

18   박인찬, 〈사물의 시대에 오신 것을 환영함: 포스트휴머니즘의 새 접근〉,《현대영미소설》24권 2호 2017, p. 196.

19   Jacques Derrida, *La Carte postale*, pp. 17-18.

20   Jacques Derrida, *La Carte postale*, pp. 27-29.

21   Mark Dooley · Liam Kavanagh, *The Philosophy of Derrida*, Stocksfield: Acumen, 2007, p. 70.

22   Ian Pepper, "From the "Aesthetics of Indifference" to "Negative Aesthetics": John Cage and Germany 1958-1972", *October*, 82, Autumn 1997, pp. 30-47; 존 케이지,《사일런스: 존 케이지의 강연과 글》, 나현영 옮김, 오픈하우스, 2013 참고.

23   자크 데리다,《마르크스의 유령들》, 진태원 옮김, 그린비, 2007, p. 116.

24   조수진,《퍼포먼스 아트》, 서강대학교 출판부, 2019, 171쪽.

25   Ann Dils, "The Ghost in the Machine: Merce Cunningham and Bill T. Jones", *A Journal of Performance and Art*, vol. 24, issue 1, 2002, p. 94.

독신자×기계

2022년 2월 28일 초판 1쇄 발행

지은이 | 한의정
펴낸이 | 노경인 · 김주영

펴낸곳 | 도서출판 앨피
출판등록 | 2004년 11월 23일 제2011-000087호
주소 | 우)07275 서울시 영등포구 영등포로 5길 19(양평동 2가, 동아프라임밸리) 1202-1호
전화 | 02-336-2776 팩스 | 0505-115-0525
블로그 | bolg.naver.com/lpbook12
전자우편 | lpbook12@naver.com

ISBN 979-11-90901-85-7